巨人的对决

[法] 阿尼克·佩罗
[法] 马克西姆·施瓦兹 /著　　时利和 /译

Pasteur et Koch
Un duel de géants dans le monde des microbes

Maxime Schwartz / Annick Perrot

海天出版社（中国·深圳）

图书在版编目（CIP）数据

巨人的对决 ／ （法）阿尼克·佩罗，（法）马克西姆·施瓦兹著 ；
时利和译． —— 深圳 ：海天出版社，2018.1
（海天译丛）
ISBN 978-7-5507-2160-9

Ⅰ．①巨… Ⅱ．①阿… ②马… ③时… Ⅲ．①巴斯德
(Pasteur, Louis 1822—1895) － 生平事迹②科赫(Koch,
Robert 1843—1910) － 生平事迹③细菌学 － 微生物学史 － 世
界 Ⅳ．①K835.656.15②K835.166.15③Q939.1-091

中国版本图书馆CIP数据核字(2017)第240415号

版权登记号　图字19-2017-095号
Pasteur et Koch - Un duel de géants dans le monde des microbes
by Annick Perrot et Maxime Schwartz
©ODILE JACOB, 2014
此中文简体版本经法国巴黎　Odile Jacob出版社授权在中国大陆地区出版发
行，版权代理为打开代理公司（Dakai Agency）
Simplified Chinese translation copyright © 2018
by Haitian Publishing House, Shenzhen, China

巨 人 的 对 决
JUREN DE DUIJUE

出 品 人　聂雄前
责 任 编 辑　林凌珠　岑诗楠
责 任 校 对　李　春
责 任 技 编　蔡梅琴
封 面 设 计　知行格致

出 版 发 行　海天出版社
地　　　址　深圳市彩田南路海天综合大厦（518033）
网　　　址　www.htph.com.cn
订 购 电 话　0755-83460239（邮购）　83460397（批发）
设 计 制 作　深圳市龙瀚文化传播有限公司 0755-33133493
印　　　刷　深圳市华信图文印务有限公司
开　　　本　889mm×1194mm　1/32
印　　　张　7
字　　　数　141千
版　　　次　2018年1月第1版
印　　　次　2018年1月第1次
定　　　价　42.00元

作者简介

马克西姆·施瓦兹（Maxime Schwartz），分子生物学家，法国巴斯德研究院前院长，著有《母牛如何变疯》《微生物和人，谁能得胜？》《艾滋病菌的发现》等。

阿尼克·佩罗（Annick Perrot），巴斯德博物馆名誉馆员，著有《巴斯德和他的助手们》等。

献给伊奥娜、蕾拉、露西、米娅、塔玛拉、

艾略特、蕾雅、马丁、罗宾、安托万和马修

前　言

"巴斯德和科赫？巴斯德我认识，但科赫是谁？而且这个名字（Koch）怎么发音呢？科克？科许？"

"科赫是德国人。名字中的ch要按德语发音，从喉咙深处发出'赫'（r）音。"

"他是谁？"

"说到科赫杆菌，您想起什么来了吗？"

"啊，是了！结核杆菌！原来是他发现的啊！不过，怎么能把他和我们伟大的巴斯德相提并论呢？"

"我们伟大的巴斯德！在您看来，他又做了什么？"

"呃……狂犬病疫苗和……（沉默）"

以上就是大多数法国人看到本书后可能产生的对话，关于巴斯德的部分也许有所夸张。思考片刻之后，对话者会想起，巴斯德确立了微生物在发酵中的作用，驳斥了微生物自然发生说理论，拯救了法国养蚕业，找到了肆虐在羊群和牛群中的炭疽病的疫苗。至于科赫，除了以他名字命名的杆菌，有哪个法国人还知道些别的呢？

在莱茵河对岸，德国读者又会做何反应？巴斯德的名字广为人知，但其成就仅限于疫苗方面的工作；而科赫是国家英雄，他发现了结核杆菌和霍乱弧菌，被视为细菌学的创始人。

本书的第一个目的，是告诉大家，法国人对科赫的成就的了解极其有限，同样，德国人对巴斯德的贡献也所知甚少。

在德法两国以及世界上的其他地方，很多人或许还记得这两位大科学家在世时曾针锋相对，这种对立甚至扩展到了他们的合作者身上。许多激烈的对抗在口头上和书信中都留下了痕迹，我们将在本书中予以回顾：要理解这种对抗，需要结合时代背景去分析，研究1870年普法战争之后的法德关系。正是这场战争，使巴斯德一改青年时代热切的亲德态度，发自内心地仇恨起了德国。而科赫呢，从一个不起眼的乡下医生一步一步攀上荣耀顶峰，却在与伟大的巴斯德的竞争中落于下风，这令他不忿。

人们可能会认为，这样的竞争将造成科学家间的内耗，不利于他们研究出成果。但事实似乎恰恰相反，好胜心驱使本书的两位主人公你追我赶。他们本人乃至法德两个学派的成就，都是互利互补的。正由于这些学者的努力，死亡率极高的传染类疾病大多都被一一攻克，至少在发达国家不再横行。

目　录

目录

第一章

被德国征服的巴斯德

　　1852年：制作精良的黑色长大衣、不锈钢边框眼镜和精心修剪的大胡子，给路易·巴斯德这位年轻的候补化学教授平添了恰如其分的严肃与庄重。他时年30岁，正坐着火车疾驰在德国的土地上，心中只有一个念头："到外消旋酸的源头去。"为此他下定决心，即便"要到世界尽头"也在所不惜！他的口袋里装着两封推荐信，一封来自德国著名化学家埃尔哈德·米切利希，另一封来自恩师让-巴蒂斯特·杜马——与米切利希齐名的法国著名化学家，这两件"圣物"应该能让他顺利地接近那种神秘的酸的制造者。9月9日，他在巴黎告别了结婚3年的妻子玛丽，告别了2岁的小女儿让娜，告别了出生刚10个月的儿子"巴蒂蒂斯"（让-巴蒂斯特），踏上了征程。

　　让巴斯德下定决心一定要找到的这种外消旋酸，究竟是什么东西呢？早在巴黎高等师范学校求学时，这个来自汝拉山区的小伙子就迷上了结晶学，他的化学和物理课程的论文就是围绕结晶学展开的。他最喜爱的化合物之一是酒石酸：在葡萄汁转化为酒的酒精发酵过程中，酒石酸的结晶体会沉淀在酿酒桶底部，形成酒石。酒石酸有一定的工业用途，尤其可以在纺织业中用于巩固附着在织物上的染色剂。正巧，1844年，德国人埃尔哈德·米切利希在法国商人夏尔·凯斯特勒的工厂里发现了一种酒石酸，其光学属性与传统酒石酸完全不同。这种特殊的酒石酸被定义为外消旋酸。1848年，巴斯德用实验证明，外消旋酸其实是两种酒石酸盐的混合物，其分子所在的位置正好相对，互为镜像。[①]这一发现令他在化学家的精英圈子里声名鹊起。自此之后，巴斯德孜孜不倦地继续研究外消旋酸……但是却没了研究对象，因为商人凯斯特勒没有了存货储备，并且对自己工厂里为什么会出现这种酸丝毫没有头绪。因此巴斯德萌生了去别处寻找外消旋酸的念头，并期待能一并发现它的构成奥秘。

正巧，1852年8月，米切利希作为法兰西科学院的外籍委员，逗留巴黎，同行的还有另一位德国结晶学家古斯塔

---

① 对巴斯德这一时期的科学成果更详细的描述可参见佩罗·A.、施瓦茨·M.，《巴斯德和他的士官们：鲁，耶尔森，及其他人》，巴黎，奥迪尔·雅各布出版社，2013年，第28—37页。

夫·罗斯。他们向让-巴蒂斯特·毕奥[1]表示，非常希望能见一见年轻的化学家巴斯德和他的产品。巴斯德闻讯赶来，"在法兰西公学院花了两个半小时"，向他们展示了自己的结晶。"他们非常高兴，对我的工作称赏有加。"随后，巴斯德受邀参加在路易·雅克·泰纳尔男爵家举行的晚宴，化学界的精英汇聚一堂，有杜马[2]、谢弗勒尔、雷尼奥、贝鲁兹等。

　　巴斯德在外消旋酸上的发现令米切利希颇受震动，他热情地祝贺道："我们在这些结晶上研究来研究去，可以肯定的是，若不是您的这一杰出发现，世人还会在很长一段时间里忽视我们的工作。"他对巴斯德说，他有个开厂的朋友，叫费肯杰，家住莱比锡附近的茨维考，或许能提供这种神奇的化合物。巴斯德难以抑制兴奋之情，他要停掉手头全部工作，去找这种酸，其信念之坚定打动了法兰西科学院的巨头

---

[1] 让-巴蒂斯特·毕奥（1774—1862），物理学家、数学家、天文学家。他探明陨石来自太空，并和盖-吕萨克一起，实现了第一次科学研究性质的热气球升空，以研究地磁。1820年，在电磁学领域，他和费利克斯·萨伐尔研究了随着距离变化，电流造成的磁场的变化，并以他们的名字为这条定律命名。他在光学方面亦颇有建树。巴斯德在结晶学上的发现令他兴奋不已，他立即对这位前途光明的年轻学者给予了极大支持，并成了巴斯德的儿子让-巴蒂斯特的教父，这个名字就是为向其教父致敬而取的。

[2] 让-巴蒂斯特·杜马（1800—1884），著名化学家，在普通化学和有机化学方面都做出了重大贡献。1832年成为法兰西科学院成员，1868年起任常任秘书，1843年当选法兰西医学院成员，1875年进入法兰西学院。他先后在法兰西公学院和索邦大学任教，教学成绩优异，其讲座总是座无虚席。作为政治人物，杜马在30年间历任众议员和参议员，并于1850年至1851年担任农业商业部部长。他在许多时刻支持了巴斯德的工作。

让-巴蒂斯特·毕奥和让-巴蒂斯特·杜马。

德国之行就此确定下来，让-巴蒂斯特·杜马对这件事全力支持，并以自己的声誉为巴斯德作保，但他交给巴斯德另外一个任务："要走遍德国相关地区的所有实验室和所有科研机构，与法国的做比较，学习他们好的方面。"这个任务有点类似于当工业间谍吧！

然而，巴斯德想找的那种酸比想象中不驯得多，他不断前行，它却不断后退。

在这狂热的"圣杯"追寻之旅中，巴斯德得闲关注了一下周围环境，他给"亲爱的玛丽"写信，长篇累牍地解释酒石和类酒石酸之余，也简略地提了一下旅行感受。旅途显得漫长，"每一站的停留"尤其"耗时"。但"德国铁路之精良"弥补了这种不愉快。此刻，他正舒服地坐在一节"可媲美法国一等车厢的"二等车厢里，便宜而行驶稳当。列车在布鲁塞尔停车4小时，他游览了一番市容；到了科隆，欣赏了"莱茵河一览无余的美"；汉诺威，"呈现出富裕和高贵"；马格德堡，"奇特的战略要地"；莱比锡，燃起了他心中源自父亲的波拿巴之魂[1]，"帝国著名的会战"[2]在此展开。

茨维考市离莱比锡不远，同属萨克森州，位于茨维考

---

① 巴斯德的父亲是拿破仑时代的近卫队老兵，他是在对拿破仑的崇拜中长大的。
② 指1813年拿破仑与反法同盟的莱比锡会战，此战以法国战败告终。——译注
（本书注释除特别标注外皆为原注。）

穆尔德河上游。巴斯德来到第一个目的地，厂主费肯杰先生家。主人家殷勤招待，令巴斯德陶醉。更让他惊喜的是，费肯杰颇有教养，见多识广，而且与一般商人的有所保留不同，他对自己知无不言，言无不尽。夜晚，这位新朋友带他出去散步，茨维考周边的景色再次给巴斯德留下了深刻印象。当地工业的发达显而易见，居民家境的殷实也毋庸置疑，这都令他赞叹不已："平生第一次，我见到了一些巨大的煤矿，在其中一个煤矿里，有一台世界上最大的蒸汽机，深入地下300米处找水，200名工人在地下作业。这里有60多个这样的煤矿。邻近茨维考的村庄是全德最富有的，收入最少的农民一年也能挣40万法郎，还有好几个百万富翁。费肯杰先生日子过得非常优裕，他的工厂经营得有声有色，盖了一堆房子，从远处俯瞰，几乎像个村子，外围是20公顷（1公顷等于0.01平方公里）良田。这个规模是在短短几年间达到的。"①

回到莱比锡后，巴斯德又参观了不少实验室，见到了许多杰出的教授、化学家和物理学家。他们向他表现出"极大的善意"，与他交流了结晶学方面的种种想法，其中包括埃德曼、汉克尔和诺依曼。所有人都毫无保留，乐意与巴斯德合作。

可是，没有外消旋酸的影子……

酒石还在等着他，在维也纳，在的里雅斯特，在威尼

---

① 1852年9月12日写给巴斯德太太的信。

斯。他必须继续踏上征程，先在德累斯顿稍作停留，拿到签证，顺便去博物馆转转，把能触动他的画作分成三个等级。早年在阿尔布瓦，穿梭于中学和自家制革厂的时候，他曾立志于艺术事业，如今志向已变，但敏锐的艺术家目光犹在。这趟博物馆之旅是否勾起了他对少年时代的回忆，让他想起了为老乡们所作的、为他赢得了一定声名的40余幅粉彩画呢？第二天，在弗莱贝格，矿物学家布莱特豪普特"以法国人做不到的方式"接待了他，一连几个小时耐心地带着他参观，使他见识了本城收藏中最美的矿物和晶体样本。随后，巴斯德怀着求知若渴的狂热，和其他学者、教授交谈，还下了一次矿。他承认在那里了解到了"作为一名化学教授本应知道的大量事情"。结识了这么多德国学者，未来肯定对自己有用，这个念头让他欣喜不已。良好的人脉关系让他飘飘然如在云端。他对玛丽说"肉体离你遥远，但思想离你很近"，之后他又激动地加了一句，"永远爱你，也爱科学"。

但是外消旋酸，还是影儿都不见！

他寻遍了工厂、实验室、作坊、矿场、个人收藏，不愿放弃；他踏过了每一寸土地，坚定不移。一整天的旅途奔波后，他来到了维也纳。等待他的是同样完美的接待，其"殷勤好意难以尽述"。特别值得一提的是雷滕巴赫尔先生，带他去了一间工厂，让他得以朝圣般地见到了梦寐以求的外消旋酸……但是只有很小的量，而且被当作硫酸钾！巴斯德意识到"工人们不明白我们在说什么"。通过这些寻访，他下了个结论：所有酒石中都含有外消旋酸，其含量多少和产地有关（产自奥地利和匈牙利的酒石的外消旋酸含量少于那不勒斯的），但这些外消旋酸在提炼酒石酸的过程中被去除了，因此"走遍天涯海角"也是无用的。他不准备去威尼斯了，玛丽也就得不到他信中曾许诺的花边或珊瑚制品了。

因为要等待一些答复，巴斯德逗留在维也纳，遍览了这座迷人的城市，陶醉于"雕像林立的壮观酒店"，感动于"卡诺瓦最值得赞叹的杰作，玛丽·克里斯蒂娜女大公的墓碑雕刻"。说到与当地居民的关系，他对玛丽承认："我的观点是，亲爱的玛丽，我们法国人对外国人充满了偏见，从他们的习惯、文化到他们的品位、城市……我们对这些奥地利士兵大加奚落，而其实他们穿得很好，他们的军官是我们能见到的最英俊、最优雅的人物。他们的制服有时很迷人，高等军官的制服尤其如此。而且这些奥地利人如此'粗野'①，每次我在街头向一个穿得稍微像样点的人问路，都能得到准确的法语回答，并且又礼貌又和善。"②

回家之前，布拉格是个不容错过的歇脚点。雷滕巴赫尔先生跟巴斯德说起过一家颇具规模的酒石酸工厂，并向他引荐了厂里的化学家哈斯曼博士。一见面，博士就开门见山地说他"一直以来都有外消旋酸……是从酒石酸转化而来

----

① 是的，您没有看错！巴斯德在这儿非常罕见地用法国人对奥地利人的偏见开了个玩笑。

② 摘自1852年9月27日的信。

的"。巴斯德很吃惊，向他祝贺，但也难掩怀疑。事实上，他很快就意识到哈斯曼错了："哈斯曼从来没有将纯酒石酸转化成外消旋酸。"一年以后，巴斯德用一种新技术做到了这一点！

回家路上，巴斯德在达姆施塔特停了一下，见到了默克先生，他经营着以家族名字命名的化工厂[①]；还见到了尤斯图斯·李比希[②]，若干年后在研究发酵现象时，两人之间产生了纠纷。

这就是巴斯德与日耳曼国家的初次接触，前后共一个月，感受非常积极正面，周到殷勤的接待令他受宠若惊。他的科研成果在德国的名声也令其虚荣心得到极大满足。父亲曾责备他以这样的办法去旅行，他回答说："我很惊讶自己的研究在德国得到了极大的认可，也因此受到了最热情、最尊贵的接待，而且建立起了非常愉快、非常有用的人脉关系。"他又补充道："我从没像现在这样迫切希望会说德语。"[③]

然而，1870年普法战争爆发，将彻头彻尾改变他对德国的看法。

---

① 即历史悠久的制药与化工企业默克集团，成立于1668年。——译注
② 尤斯图斯·李比希（1803—1873），德国著名化学家、化学教育家，创立了有机化学，被称为"有机化学之父"。——译注
③ 1852年10月的信。

路易斯·巴斯德 (1822—1895)

第二章
乡下医生罗伯特·科赫

当巴斯德自西向东横跨"德意志邦联"时，从威斯特伐利亚到萨克森，他发现的是一片还称不上国家的土地。从1850年起，这一地区经历着剧变，也迎来了经济变革的肇始。巴斯德所到之处，许多鲜活的迹象印证了深度的工业化进程，令他颇为震动。矿井就是一例——工业化进程使煤炭、铁、机器、棉布……都在以前所未有的速度生产，而这一变革的基石，就是铁路的迅猛发展。

这条铁路将巴斯德从汉诺威送到了马格德堡，但坐在火车里，他看不到往南60多公里的哈尔茨山脉，那儿既流传着女巫与魔鬼的传说，也拥有丰富的银、铅、铁矿资源。他也不可能想到，就在同一时刻，罗伯特，一个13岁的男孩子，正用近视的双眼扫过群山，他生于斯长于斯，对大山了如指掌。罗伯特的父亲，工程师赫尔曼·科赫，住在上哈尔茨的首府克劳斯塔尔，监管着当地的矿业。

　　这一天是1852年9月10日，两人之间只相隔数十公里。一边是在"朝圣"之路上疾驰而过的年轻学者路易，一边是翻山越岭采摘草药的勤奋学生罗伯特。未来的某一天，他们的人生之路还将交会。而在此之前，巴斯德会全身心投入对发酵的研究，并发现微生物在其中起到的关键作用。他将摧毁自然发生学说，确定葡萄酒"酒病"的成因，通过对"蚕病"的研究探索传染病。罗伯特·科赫则会先成为医生，继而受好奇心驱使，投入到新兴的细菌学研究中去。

　　是什么样的经历，使得大山里的孩子罗伯特对疾病、微生物产生了兴趣，直至用自己的名字命名了一种令人生畏的病菌呢？

　　巴斯德心心念念的矿质土对科赫来说却是最常见不过的东西了。赫尔曼·科赫是名气很大的专家，在克劳斯塔尔担任矿区监督。他的妻子玛蒂尔德是铁矿监察员的女儿。他们家房子的外墙被涂成粉色，占地面积很大，因为两人共育有13个孩子（其中2个幼时夭折），还要容纳两位未婚的姑姑及家中仆役。随着时间流逝，屋子里住着将近20人。尽管赫尔曼地位显要，却生活简朴，粗茶淡饭，远比不上巴斯德遇到的生活优裕的资产阶级。玛蒂尔德主管家务，无暇他顾，孩子们没了管束，乐得自在。

　　罗伯特出生于1843年12月11日，排行老三，他学习用功，数学和科学尤其出色，很有希望成为"学问家"。他英语说得很好，这对他未来的事业大有帮助；但他法语说得糟糕，很难说这不会对他与法国科学界的关系造成不利影响。

除此以外，他喜爱音乐，会弹钢琴，曾参加学校合唱团；终其一生热爱国际象棋。玛蒂尔德的兄弟，也就是他的舅舅爱德华·比文德，在传统教育之外给了他一些有益的补充，带他去山野间和森林里徒步，培养了他的观察力。他们观察、采集路上碰到的东西：昆虫、植物、花朵、石头……当时摄影技术刚刚起步，爱德华教他如何使用底片，如何调制显影液，这些经历罗伯特将终身受益。

他长大了，青春少艾，踌躇满志。他心有所属，对方是青梅竹马的同龄表妹。不过阿加莎（高迪克）为人谨慎，觉得他们才15岁，太年轻了，不足以互相托付终生。又过去了4年，大家族人丁兴旺，提供了其他人选，这回他钟情于另一个表妹，艾米·弗拉茨，她将成为他的妻子。而阿加莎直到他66岁生日还给他寄去了鲜花！

至于事业，19岁的他该何去何从？罗伯特的梦想是成为海员，去旅行，去发现世界，但他是近视眼，戴眼镜的人是难以在海轮上生活的，于是这个梦想破灭了。像他另外三个兄弟那样移民美洲大陆？父亲表示鼓励，但母亲为他担忧，劝他打消了这个念头。情感与理智彼此拉锯，最终，他选择留在艾米身边，就在大山脚下的哥廷根大学求学，以获得理工科的任教资格。

又经过一阵短暂的犹豫后，罗伯特最终确定了医学方向，并于1866年拿到文凭。哥廷根大学久负盛名，拥有许多杰出的教授。1909年，他在当选柏林科学院院士的致辞中这样说道："若回顾我的科学生涯，尤其是为什么选择细菌学，我可以说，在大学学习的时候，我没有得到通往这条道路的任何直接的鼓励，因为当时这门学科还不存在[①]。然而我想向这个时代的前辈大师们致敬：解剖学家亨勒、临床医学家哈斯，还有心理学家迈斯纳，他们唤起了我对科研的兴趣。"[②]这些都是颇有影响力的学者，尤其值得一提的是雅各布·亨勒，早在1840年出版的一本书里，他就率先提出假设，认为流行性疾病可能是由一些微生物（如细菌）造成的。遗憾的是，由于当时显微镜的放大倍数有限，他无法找到支撑这一假设的依据。但这一假设和40多年后科赫依据实验提出的观点几乎完全一致。而对亨勒来说，手段的缺失令他无法用实验证明理论，也使他逐渐淡漠了对微生物的兴趣。不过这并不影响他成为最杰出的病理解剖学家之一。

如果在哥廷根求学期间，罗伯特·科赫曾不时回克劳斯塔尔看看，那么他很可能遇到过……阿尔弗雷德·诺贝尔。1864年到1865年间，诺贝尔曾住在克劳斯塔尔，因为有人告诉他，在上哈尔茨的矿区，人们找到一种方法，可以让硝化甘油具有更大的稳定性，减少使用危险。事实是，矿区的一个工程师想到了一个主意，在本身极不稳定的硝化甘油中混入矿石提炼时产生的一种粗砂，可以使操作安全性得到提高。赫尔曼·科赫接待了诺贝尔，同意让他参观试验，罗伯特的兄弟雨果·科赫也参与其中。这一趟旅行，诺贝尔受益

---

① 可1858年巴斯德就发表了关于乳酸发酵的研究！

② 原载于*Deutsche Med. Wochschr*, 1909年，第29期，引自拉格朗日·E.，《罗伯特·科赫：生平与著作》，布鲁塞尔，大学出版社，1938年。

匪浅，就在回程的路上，他想到了可以用硅藻土代替粗砂，硝化甘油炸药就这么诞生了。诺贝尔对赫尔曼充满感激，因此对罗伯特的两个移民美洲的兄弟给予资助，帮助他们在当地采矿。若是罗伯特·科赫真的在克劳斯塔尔碰见过诺贝尔，那他或许是诺贝尔生理学或医学奖得主中唯一见过此奖设立者本尊的人。[1]

获得医学学位以后，科赫在柏林慈善医院工作了3个月。他上了鲁道夫·菲尔绍[2]的一门课，此人是德国最著名的医生之一，堪称无可争议的权威，但20年后科赫激烈反对他的观点。科赫在哥廷根产生了对科研的浓厚兴趣，但当时没多少时间从事研究，求学期间发表的两篇论文也尚不足以满足他的志愿。当务之急，是要跟艾米结婚，给她舒适的生活，也就是说要尽快体面地独立谋生。一纸汉堡医院招聘助手的启事来得恰逢其时。当时汉堡霍乱横行，科赫逐渐熟悉了这种病，并学会了辨认其临床表现。他从病人的大便里看到了一种弧菌，把它画了出来。但直到17年后他才识别了它的真实

---

[1] 关于阿尔弗雷德·诺贝尔此行的相关信息，是2013年12月由时任克劳斯塔尔-采勒费尔德市市长的沃尔夫冈·蒙克梅耶提供的。

[2] 鲁道夫·菲尔绍（1821—1902），现代病理解剖学的奠基人之一，其细胞病理学的理论为他赢得了世界级声誉。根据这一理论，一切正常的进程都需要在细胞中找到终极解释，而一切疾病也都是细胞的疾病。这是对病原微生物理论的否定。作为医生和生物学家，他对旋毛虫病、发炎、癌症均有论著；而且除了病理学，其科研成果还涉及人种学、公共卫生学。作为政治人物，他于1861年参与成立德国进步党，反对俾斯麦。

身份，明白它的真正意义。

1866年6月16日，科赫定居汉堡期间，爆发了奥地利和普鲁士之间的战争。8月，随着《布拉格合约》的签订，俾斯麦将整个汉诺威地区和其他北部土地并入普鲁士，即日后的北德意志联邦。国与国之间的界线发生了变化，科赫成了普鲁士人。

遗憾的是，他在汉堡医院的工作虽然很有意义，却挣不了多少钱，入不了心上人的眼。后来，他去了汉诺威北部的小市镇朗根哈根，在一家弱智儿童机构工作。这份工作给他带来了稳定的收入，他自己又开了一家乡村私人诊所，当地人很快喜欢上了这个医生。有了体面的收入以后，迎娶艾米就顺理成章了。1867年7月16日，两人在克劳斯塔尔教堂举行了婚礼。到场嘉宾众多，说明两家都是当地望族：一边是赫尔曼·科赫，矿区老板；一边是艾米的父亲，在本城的新教教会担任要职。

在朗根哈根，新婚夫妇住在有7个房间的大公寓里。罗伯特买了辆轻便马车，先是配了一匹马，后来变成两匹马，乘着这驾马车，他的活动范围扩大了，他在乡邻中的声望也增加了。

行医之外，罗伯特也没有辜负爱德华舅舅的熏陶，继续满怀热情地收藏和分析大自然的各种标本。不过，他对微生物越来越感兴趣，用一台比较简单的显微镜观察它们。未来的微生物学家已处在萌芽状态。

要不是出于行政和财政原因，他在朗根哈根的职位被取消了，这种田园牧歌般的生活也许可以持续很久……与此同时，艾米怀孕了。

罗伯特度过了一段艰难的岁月。他25岁了，不断尝试新机会，不断搬家。1868年，他在法兰克福附近的布莱茨开了家诊所，但当地已有其他医生立足，人们不接受他。不出3个月，他就被迫放弃，接着去了尼梅格克，那儿离波茨坦很近，离柏林也不远。此时，艾米住在克劳斯塔尔自己父母家中。1868年9月6日，她艰难地生下了一个小女孩，取名歌楚德，这个女儿将是罗伯特一生的骄傲和喜乐。他叫她"小楚蒂"。

一家人在尼梅格克定居，但时间很短，当地人信赖土办法，而不是新医术。小家庭的经济状况还是没有得到改善。令人沮丧的困难使夫妻俩关系紧张。1869年7月，他们离开尼梅格克，去了拉克维茨（拉克涅维采），这座小城当时属于普鲁士波森省（如今是波兰的波兹南）。普鲁士政府手段巧妙，通过鼓励医生定居这些附属领土，潜移默化地增加日尔曼的影响力。罗伯特很容易就适应了当地生活，学会了波兰语，建立了人际关系。一位男爵大领主，笨手笨脚地开枪弄伤了自己，罗伯特精心为他治疗，给自己赢得了声誉。

越来越多的人们找到他，年轻的医生忙个不停。1869年12月，他给父亲的信中写道：生日那天，他去了乡下5户人家，从下午4点半到晚上11点半一直站着！工作让人筋疲力尽，但他还是挤出时间进行科学观察，养了各种动物，听听音乐，常常光顾本地饭店和啤酒屋。这种对生活的热爱也在一定程度上讨他客户的喜欢。日子又像数年前在朗根哈根一样，幸福美满，未来一片光明。然而命运的打击再次来临。1870年，普法战争爆发了。

罗伯特·科赫 (1843—1910)

第三章
军靴咚咚

1865年到1870年，对巴斯德来说是多事之秋，研究上成绩喜人，生活上创伤累累。1857年，他被任命为巴黎高师的科研和行政主任。但独裁式的管理、毫无变通的个性引发了学生和他的正面冲突，1867年，他不得不从行政主任的位置上辞职。

1865年，他以前在索邦大学的恩师、已成为加尔省参议员的让-巴蒂斯特·杜马对他发出了悲伤的召唤——"灾难超乎想象"，把他拉进了实验室。法国生产着全世界10%的蚕丝，但养蚕业正面临灭顶之灾。一开始巴斯德很犹豫，他对蚕一无所知，但最终还是接受了，既是为了不负师恩，也是出于内心的使命感，但更多的是想迎接挑战。他或许预见到了这种病和微生物有关？他一次又一次去往加尔省的阿莱斯，全身心投入了对蚕病的研究。

这项事业陷阱重重，不说别的，单说这些受感染的蚕，其实身患的不止一种病，而是两种病：斑点病和软化病。巴斯德殚精竭虑，苦干5年，才找到了解决办法。斑点病会使蚕和蚕蛾的身体上出现黑色斑点，就像撒满胡椒粉一样，巴斯德认为是雌性蚕蛾把这种病传给了它的后代。他采取一种被称为"灭种法"的手段，即一旦发现蚕蛾身上长出黑斑，就把产卵期的母蛾隔离起来，把它产的卵（"种子"）毁掉。这样一来，只有健康的卵得以保存，孵出的幼蚕也就不会得病了。软化病要棘手一些，这种病通过蚕的粪便传播，也就是今天我们说的粪口传播。巴斯德提议改善卫生条件，以杜绝传播。他认为软化病的罪魁祸首是一种被他观察到的杆菌，它能产生一个个对外界环境抵抗力很强的球体，这些球体就好比是细菌的"种子"，即芽孢。这种细菌究竟是否就是软化病的致病菌，至今尚无定论。①但它的发现引出了两个结果：一是无论传播源是什么，巴斯德引入的卫生措施被证明是行之有效的；二是细菌芽孢的形成将在日后成为巴斯德与科赫争端的关键。对蚕病的研究标志着巴斯德研究生涯的转折，这种小毛虫促使他进入了传染病研究领域，并且终生未曾离开。

与此同时，他在个人生活上却接连受到了沉重打击。1865年9月，他和玛丽失去了最小的女儿、2岁的卡米尔。第二年5月，13岁的女儿赛西尔也走了。加上1859年就离世的让娜，至此他们只剩下两个孩子了：一个是1851年出生的让-巴蒂斯

① 好几种蚕病都会出现软化病的症状，即蚕的腹泻。这些病应该是由不同的细菌，甚至病毒造成的。

巴斯德与夫人玛丽

特，一个是1858年出生的玛丽－路易斯。或许是由于接踵而至的不幸，或许是由于过度劳累，1868年10月，巴斯德突发脑溢血。大家都以为他不行了，但他挺了过来，不过左侧身体偏瘫了。他的身体再也没有恢复到完全健康的状态，但智慧却丝毫未损，工作的热忱更是有增无减。"Laboremus, laboremus"（"必须工作"），他常常这么说。[①]

在发酵研究之后，1863年，拿破仑三世授权巴斯德研究"酒病"。巴斯德全身心地投入其中，研究病因和治疗手段。两年工夫，他走访了各处酒窖，询问了众多酒农，取得了很大进展。拿破仑三世想听他汇报，邀请他去贡比涅王家城堡。对一个波拿巴主义的拥护者，一个重视荣誉和权贵的人来说，这个邀请颇能满足虚荣心。于是，1865年11月29日到12月6日，巴斯德在一位巴黎高师的年轻佣人（此行充当贴

---

① 巴斯德还曾说过："工作吧，这是唯一的乐趣。"这句话从让－巴蒂斯特·毕奥而来。

身男仆）的陪伴下，拜访了贡比涅城堡。在此期间，拿破仑三世和欧仁妮皇后邀请了各个领域的百余位人物。巴斯德参加了很多为宾客提供的消遣活动。他赞赏女士们的洗手间，倾倒于皇后的魅力，更满足于向王公贵族们介绍他用于更好地保存葡萄酒的巴斯德灭菌法。这项技术赢得了关注！拿破仑三世表现出极大的兴趣，向巴斯德肯定地说："要是我的名字能和这些有意义的发现关联起来，我会非常高兴的。"这一愿望在巴斯德的著作《葡萄酒和葡萄酒病害及其原因的研究：贮藏和陈酿的新方法》前言中实现了。至此，巴斯德获得了权力的加冕。

　　之后，他顺理成章地奉皇帝之命，在一片皇家领地上大范围试验他用于对抗蚕病的"灭种法"。这片领地名叫维拉维琴蒂纳，毗邻亚得里亚海，原本属于拿破仑一世的妹妹艾莉萨·巴西奥克希，后由其女转赠给拿破仑三世。巴斯德在这儿待了7个月[①]，这个地方对脑溢血病人来说是个合适的疗养胜地，何况对他的研究也很有好处："维拉维琴蒂纳的蚕养得极

---

① 此地对巴斯德这样的波拿巴主义者来说最理想不过了。巴斯德夫人的信可以作证，她在给一位女友的信中写道："我们生活在拿破仑一世家族的回忆之地。父亲和母亲住在艾莉萨公主的房间，让-巴蒂斯特住在热罗姆王子的房间。在餐桌上，巴斯德先生正对着拿破仑半身像，我正对着巴西奥克希公主童年的画像，让-巴蒂斯特眼前的画是拿破仑从圣赫勒拿岛的墓中走出，琪琪小姐（玛丽-路易斯）则迎着莱蒂西娅夫人的画像。我们就在所有这些人的注视下坦然自若地吃着通心粉和玉米粥。"见德斯康·A.,《巴斯德夫人》，多勒，德莫德莫出版社，2013年，第156页。

其成功。"他在1870年6月18日给圣克莱德维尔[1]的信中这样写道。"灭种法"大获全胜，使皇帝对他更加地青睐，获得了蚕业大省的感激。这番成就足以配得上参议院的一席席位了……然而事情发展出人意料，计划中的任命也始终未能宣布。

1870年7月，到了回巴黎的时候。巴斯德的回程路线曲折，途经维也纳、慕尼黑。他希望在慕尼黑见一见在发酵问题上与他长期针锋相对的德国化学家李比希，想不计代价说服他。李比希认为，发酵与酵母的"腐坏"有关。巴斯德则通过一些决定性的实验，证明了每一种发酵都源自一种特殊的酵母，发酵是一个生命现象。13年过去了，李比希始终坚持己见，在醋酸发酵方面尤其如此。巴斯德证明了葡萄酒变成醋是由于一种"小小的植物"[2]——醋生膜菌在起作用。而李比希认为发酵需要腐烂的植物或动物参与才能成功。总而言之，他否认酵母的存在，也否认酵母有破坏和转化的能力。这位比巴斯德年长20岁的老人接待了他，态度亲切，但称自己身体不好，回避了所有讨论。他们没有探讨发酵问题。

1870年7月初，巴斯德在斯特拉斯堡稍作停留。巴黎暴发了天花疫情，他对家人的安全忧心忡忡，牵挂着女儿能不能获准接种疫苗[3]，又从圣克莱德维尔那儿获知了"令人不安的消息"。他是否看到了法国政治的幻象造成的危害逐渐显

① 亨利·埃提安·圣克莱德维尔(1818—1881)，法国化学家。——译注
② 实则是一种细菌。
③ 当时提到的"疫苗接种"，仅指为预防天花而接种牛痘。

露？他是否听到了军靴的"咚咚"声逐渐逼近？半年以前，只有奥芬巴赫前瞻性地预见到了这一点[1]。他是否最终听了巴斯德夫人的表兄斯托菲尔男爵的话？男爵是拿破仑三世的副官，作为法国大使馆军事专员被派往柏林。他颇有远见地宣称一场风暴已经在酝酿。但宫廷认为他的观点过于悲观了，而且他的报告过分详尽地描写了普鲁士的完美组织，让人不快，甚至有"受俾斯麦先生蛊惑而成为普鲁士迷"[2]的嫌疑。

7月15日，巴斯德回到巴黎，见到了同僚兼好友圣克莱德维尔。后者在学生面前意志消沉地说："啊！我可怜的孩子们，我们完蛋了！"他也刚从德国出访回来，亲眼见到普鲁士军队已在边境集结，而巴斯德似乎没有看到这种景象。

7月19日，法国向普鲁士宣战！这是俾斯麦为拿破仑三世设下的一个陷阱。十几年来，将七零八落的德意志邦联统一到普鲁士旗下，是俾斯麦的一个夙愿，一个心结。

德国不同于法国和英国，从中世纪起便处于分裂状态，40多个小国组成邦联，唯恐失去各自的独立地位。19世纪初，人们的观念发生了改变。大革命期间历次战争的重重打击，继之以拿破仑的铁腕统治，激发了民族思想的觉醒。在俾斯麦的引导下，民族感情的轮廓初见端倪。

奥托·冯·俾斯麦是普鲁士国王一世的忠仆。1862年，他出任首相，国王对他完全信任，给他铺平了专权的道路。

---

[1] 指奥芬巴赫创作的喜歌剧《强盗》，1869年12月10日。
[2] 见德斯康·A.，《巴斯德夫人》，第161页。

他有计划地、非常迅速地凭借着"火与剑"①，开辟了统一德意志的道路，以此确立普鲁士的强国地位。

1866年，普鲁士以快制胜，在萨多瓦战役大败奥地利军队，经此雷霆般的重击，庞大的奥地利帝国的"大德国"霸权之梦破碎了。俾斯麦乘胜追击，统一了德国北部：汉诺威②、黑森–卡塞尔、拿骚城、石勒苏益格–荷尔斯泰因和美因河北部的邦国。普鲁士的疆土从萨尔河到尼曼河，未来的德意志帝国渐具雏形。

1865年，拿破仑三世在比亚里茨向俾斯麦保证，会在德奥战争中保持对德友好的中立态度，作为回报，法国想要获取一些领土。拿破仑三世的如意算盘是买下荷兰国王纪尧姆三世的私人领地卢森堡，开价500万弗罗林，想着这么丰厚的一笔钱足以缓解纪尧姆三世的财政危机了。

俾斯麦假意首肯，然后狡猾地散播了秘密合约，称法国意图入侵德国。他得偿所愿：拿破仑三世的舅舅拿破仑一世曾经占领德国，自那时起德国民众对法国就怀有怨恨，如今更是激烈地爆发了。法国外交界也怒不可遏，双方各自动员备战。后来英国介入，化解了危机，促成了1867年《伦敦条约》的签订，条约规定卢森堡成为中立国。这避免了一触即发的战争。

笨拙的拿破仑三世被狡黠的俾斯麦骗了。普法之间敌

---

① 《火与剑》是波兰作家显克微支的历史小说三部曲之一。——译注
② 自此，科赫成了普鲁士人。

意日深。俾斯麦好战，他认为战争是统一德国最可靠的方式……他操控局面，诡计频施，试图挑衅拿破仑三世，让对方主动宣战。两国的民族骄傲感早已高涨，一点小火星就足以点燃。机会来了：西班牙王位空缺，埃姆斯的密电外交事件成了战争的导火索。

　　西班牙王位空缺后，俾斯麦不顾普鲁士国王反对，坚持让霍亨索伦–锡格马林根家族①的利奥波德成为西班牙国王。不出所料，法国对这一提议反应强烈，对法国而言，这无异于神圣罗马帝国查理五世的历史重演！德意志统一、法国被包围……周边全是霍亨索伦家族的人！外交交涉进展迅速。幸好利奥波德的父亲比较明智，劝他放弃了西班牙王位。眼看一场危机即将平复，但法国这边的好战派，包括皇后和外务部部长格拉蒙公爵，要求普鲁士正式声明未来永久放弃对西班牙王位的觊觎。拿破仑屈服了。法国驻普鲁士大使贝内德狄被要求获得普鲁士国王威廉一世的确认。他带着拿破仑三世的密函前往位于科布伦茨附近的埃姆斯温泉，威廉一世的疗养地。威廉很恼火，同意了利奥波德退出王位之争，但无法保证未来。贝内德狄坚持。威廉仍然拒绝，坚定而不失礼貌，事情就此结束。7月13日晚，俾斯麦收到了当天白天事件的电报。第二次机会来了。他拿出铅笔，删减了句子，把电文修改得生硬、蛮横而充满挑衅："霍亨索伦家族亲王放弃西班牙王位的消息已由西班牙政府正式告知法国。之后，

---

① 霍亨索伦家族：普鲁士的天主教统治家族。

法国大使前往埃姆斯求见国王陛下，要求他同意向巴黎发去电报，声明：国王陛下承诺，今后不允许霍亨索伦家族再次出现在王位继承人名单上。国王陛下拒绝接见法国大使，并命令武官转告大使，陛下与大使之间再无任何事可谈。"

"这封密电将是向高卢牛抖出的一块红布"，俾斯麦洋洋自得。法国媒体对电报又加了自己的修改，特别是（不知是否有意）将德语中的"武官"改成了"副官"，当日副官是安东·威廉·福斯特·拉齐维乌，出身于一个古老的普鲁士贵族家族。

由一个副官回复皇帝的代表！法国人群情激愤。尽管梯也尔[①]和甘必大[②]倾向等待更好的时机，但主战派仍占了上风。

其实，法国军队准备不足：拿破仑有所意识，而俾斯麦对此十分笃定。但主战派慷慨陈词，对悲惨的墨西哥远征避而不谈，只提过去的辉煌战绩：马尚塔、赛巴斯托波尔、东京[③]、阿尔及利亚。别忘了还有法式步枪！发射11毫米弹时射程可达50到1200米的新式武器！

陷阱布好了，法国跳了进去。俾斯麦预料的没错，宣战的是法国人。法国总理埃米尔·奥利维耶声称"满怀信任接受一切后果"，而好战的勒伯夫元帅更是吹嘘道："我们已

---

① 梯也尔（1797—1877），法国政治家。——译注
② 甘必大（1838—1882），法国政治家。——译注
③ 即越南北圻，指以河内为中心的越南北部大部分地区。法国殖民地时期西方人称该地区为东京。——译注

经准备好了，就算战争要持续一年，我们也不会短哪怕士兵军靴上的一颗扣子。"巴黎人在杜伊勒丽宫前集会，表达对战争的热情。经过动员后，法国（除军靴扣子以外的）全部的军事力量不过是80万仓促调集的士兵，他们将迎战120万训练有素的德国和普鲁士军人。法国人引以为豪的步枪面对的将是克虏伯火炮！战略方面，法国人全凭运气，德国人深思熟虑。双方排好兵，布好阵，一边随意为之，一边井井有条。战争可以打响了！

第四章

战　争

　　巴斯德从维拉维琴蒂纳回到巴黎高师时，学校已经沸腾了。学生们积极响应国家号召，纷纷走上前线。校长布伊尔和行政主任贝尔丹——巴斯德的朋友和继任者——面对空荡荡的学校，动念把它改造成接纳高师伤兵的医院。巴斯德的儿子让-巴蒂斯特放弃司法考试，进入巴黎圣宠谷军医院，当了一名军队护士。整个8月巴斯德忧心忡忡，失利的消息接踵而至。让-巴蒂斯特日夜与伤员和病人待在一起，不幸感染了伤寒[①]。幸好他很快康复了。但他休想在后方医院做下去，巴斯德从中干预，把他分配到了前线。

　　仅仅20多天的工夫，法国人胜利的幻想就化为了泡影。参谋部的无能使法军惨败，耀武扬威的英雄主义很快就在严酷血腥的战况面前消失殆尽。最初一批失利的消息传来，举国震惊。麦克马洪的犹豫混乱令法国人溃不成军，巴赞走

---

① 该病夺走了他两个姐妹的生命。

投无路，困守梅斯（围困旷日持久），普鲁士军队长驱直入……拿破仑三世亲自指挥，支援梅斯，却在色当陷入了包围。整整三天的激战和顽抗，败局已无可挽回。9月2日，拿破仑三世投降。3日，他作为战俘离开了法国，被囚禁在普鲁士。9月4日，莱昂·甘必大宣布废黜皇帝。帝国瓦解，第三共和国成立。战争仍在继续……

　　帝国转瞬倾覆，完全出乎巴斯德的意料，但他对皇帝的敬意丝毫未减。1870年9月5日，色当战役翌日，他写信给瓦杨元帅："痛苦令我心碎。一切幻觉都破灭了。您知道我对民众利益的在意和对帝国的忠诚。当您写信给皇后陛下时，还请您提及我的名字，说我会永生铭记皇帝和皇后陛下的善行。现下众声喧哗，战败的确可耻，但皇帝可以怀着信心等待后世的评价。他的统治期将是我们历史上最辉煌的时代。若能在皇后陛下行前向她介绍我的家人，将是我最大的幸福。只是出于您想必也能理解的谨慎，才使我未曾请求这一荣耀。"

　　由于偏瘫，巴斯德没能参战。既然对前线无益，他便继续投入科研，贝尔丹为了他好，坚持让他远离巴黎。第三帝国的垮台坚定了他的选择。9月5日，就在他写下"痛苦令我心碎"的同一天，巴斯德离开了巴黎。由此开始了一次充满波折的长途旅行，他首先回到了阿尔布瓦。

　　对巴斯德而言，这个爆炸性的消息让他不解，让他愕然。他的父亲，拿破仑第一帝国的老兵，会作何感想呢？他的波拿巴之心因为"我们亲爱的祖国的不幸"在流血。

"我尽力让自己的思想不绕着我们脚下这些可怕的深渊打转……"曾经对德意志民族的钦佩被仇恨取代。不过，即便仇恨，巴斯德也仍然清醒。他如此评论所有不幸的根源："我们军队的首领对两国的军事力量对比是何等无知！唉！我们的学者们说得在理，公共教育部的灾难是一切厄运的源头……我多希望法国战斗到只剩最后一个男人，只剩最后一道城墙！我多希望战争能持续到隆冬，到时候天助法兰西，把德国人活活冻死、饿死、病死。从此以后，我每部作品的题词都要写上：仇恨普鲁士！复仇！复仇！"[1]

与此同时，罗伯特·科赫，这个拉克维茨的医生，又经历了什么呢？

按照俾斯麦的设想，德意志邦联各国会团结在保家卫国的普鲁士身后，对待侵略者必须毫不留情，把被占领的阿尔萨斯和洛林夺回来！

正如巴斯德年轻时一度亲德，罗伯特·科赫的家族也对法国怀有好感。他的父亲赫尔曼曾经在法国做矿业工程师，长子阿道夫也生在法国。可战争一爆发，事关荣誉，参战是必须的：罗伯特的三个兄弟，雨果、阿尔伯特和欧内斯特都志愿参军。罗伯特受到影响，也想参军，但终因高度近视而被豁免。断然被拒没有减弱他爱国的热情，老师菲尔绍凭借自身影响力，在1870年8月帮罗伯特分配到美因兹的战地医院去当军医。他很快被派往摩泽尔省的圣普里瓦拉蒙塔尼，亲

---

[1] 1870年9月17日写给学生罗林的信。

眼见到了战争造成的损害。不久又被派往梅斯附近的阿伊，他在那儿无所事事，希望认识一下法国其他地区。他如愿以偿，先后随军去了南锡附近的讷沙托、奥尔良。前往奥尔良的路上，科赫途经内穆尔，依稀听见了巴黎近郊的炮火声。他希望围城能很快成功，由此终结这场战争。起初，德国和普鲁士的军队一路高奏凯歌，激发了科赫的热情，但渐渐地，对自由的渴求、对家庭和诊所的思念取而代之。

尽管如此，通过这场战争，他积累了观察和思考，这对未来的行医生涯大有好处。他在给父亲的信中写道，短暂的军医经历远胜他在民用医院待上半年。在讷沙托，他熟悉了伤寒，特别是伤口引发的合并症。他也有机会见识到牛痘接种的好处——这是当时唯一的疫苗。战场上一度天花肆虐，德军由于普遍接种疫苗躲过一劫，而没有大规模接种的法军则损失巨大。

另一边，巴斯德避世于阿尔布瓦，但并未与世隔绝。让-巴蒂斯特回家疗养，康复后又回归了队伍。各种消息从四面八方传来，有很多互相矛盾的地方，唯一可以确信的是，普鲁士人已逼近汝拉。阿尔布瓦也不再安全，巴斯德考虑"如果真要避开这伙蛮夷匪帮"，应前往邻近的瑞士，学生儒勒·罗林则建议去加尔省的吉斯凯桥。

巴斯德希望法国坚持到底，他如愿了，战争似乎永无止境。让-巴蒂斯特和表兄弟约瑟夫·维肖深陷混战，法军毫无准备，却不惜一切奋战到底。巴斯德虽然深知法国"组织不力"，却仍坚守着希望："巴黎和巴赞那边传来的消息称得上振奋人心。巴赞可以成为我们的救世主，我们的新兵们曾经被打败过，但这些对抗也让他们老练了起来。"[1]然而巧了，就是这个巴赞，于10月27日在梅斯投降，后来被指控叛国罪和通敌罪。

梅斯陷落，围攻梅斯的德军转而奔袭奥尔良，应对紧急调集的卢瓦尔军团。战况胶着，局面时好时坏。卢瓦尔军团由奥雷尔·德·帕拉丁和英勇的尚齐统帅，与德军展开阵地争夺，捷报频传，但12月2日，军团在卢瓦尼惨败，4日，奥尔良丢失。卢瓦尔河畔的莫恩和博让西也依次陷落。整个大区被占领。卢瓦尔军队，"法兰西的骄傲、最后的希望和救赎"，被迫退守南方。

5日，德军高奏凯歌，进入奥尔良。一部分军队在奥尔良酒店宿营，一部分在迪庞卢主教宫落脚。时值隆冬，卢瓦尔河面上漂浮着冰块，因此大教堂也被征用来安置大量的俘虏，使他们免于严寒的侵袭。野战医院就搭建在主教宫里。

科赫不在这家野战医院里，他还在讷沙托。他的兄弟们都参加了奥尔良周边的战斗，但他直到1月13日才被派来，而且不在野战医院，是在巴尼尔镇的一家民用医院。这里离圣普里韦圣梅斯曼也就几公里，玛丽·巴斯德的娘家曾在此置产，不过此刻已被侵略者占据。

科赫在奥尔良待了没多久。1月16日，主管医生通知他自由了，拉克维茨的居民等着他回去，但又表示希望他能留到

———————

[1] 1870年10月20日写给罗林的信。

战争结束，估计也用不了多久。科赫担心如果不回去，原来的职位会不保，所以还是走了。对他而言，战争已经结束。

　　终于可以见到艾米了，她日夜企盼着丈夫回到身边。回程路上，罗伯特先去了一趟克劳斯塔尔，看望病重的母亲。这是他最后一次拥抱她。多次生育使她身体衰弱，4月13日，她因肺炎去世，年仅52岁。

第五章

法国战败，巴斯德深受打击

1871年年初，寒冬继续肆虐，普鲁士依然占领着奥尔良地区。雪上加霜的是，巴斯德太太也忧心忡忡，她娘家在圣普里韦圣梅斯曼的产业被占领和洗劫一空。玛丽的姨妈达尼古夫人逃难到另一个侄女家里，不久就病逝于奥尔良。焉知不是由于家业被劫掠？巴斯德在给达尼古夫人的女儿克里比耶夫人的信中表达了愤慨："令堂在这些无耻之徒的侵略战争中去世了！实乃欺人太甚。我们真的回天无力了吗？不，不是。请您鼓起勇气。拯救终将到来……我满怀悲伤，念起过去在那儿受到过的最真诚、最友善的热情款待，如今这块宝地却惨遭荼毒，怎不令人心痛。"[1]

这一年还有更大的折磨和苦痛在等着巴斯德，而且关乎他生命中最宝贵的人。

敌人的炮兵连驻扎在夏蒂永高处，直指被狂轰滥炸的

---

[1] 1871年1月11日的信。

巴黎。1月5日，一枚炮弹落在巴黎高师附近，8日到9日夜间，又有一枚落在了自然历史博物馆。是可忍孰不可忍。在科学院，老迈的谢弗勒尔①揭露了德军的暴行："自然历史博物馆的前身是1626年1月由路易十三授命建立的皇家药用植物园，1793年6月10日根据国民公会的法令改建成了博物馆。但是，1871年1月8日到9日夜间，普鲁士国王威廉一世和俾斯麦首相下令轰炸，博物馆被普鲁士军队的炮弹击中。这是有史以来闻所未闻之事，历代各国政权和党派都未曾染指这一名胜。"巴斯德愤然而起，谴责暴行，并退回了1868年波恩大学授予的名誉博士文凭。这文凭曾令他志得意满，甚至还用相框装裱起来。他在信中尖刻地写道："如今这张文凭让我恶心，被授予人写着我的名字，而下方签署着Rex Guilelmus②，要和这个今后会被我的国家所憎恶的人出现在一起，让我深感被冒犯……我对您本人、对学位委员会的其他教授，怀有深深的敬意，但我必须遵从内心的呼声，故特为致函，请您从贵学院的档案中划去我的名字，并请收回这张文凭。此举谨代表一位法国知识分子的愤慨，我严厉谴责出于一己私利，屠戮两国人民的野蛮和虚伪行径……"③

信末又及："1871年1月18日于（汝拉省）阿尔布瓦，写在拜读德高望重的科学院院长谢弗勒尔于1871年1月10日发表

---

① 这位著名的化学家当年已85岁，但他会活到103岁！
② 德国皇帝威廉的拉丁语名字。——译注
③ 1871年1月18日写给位于莱茵普鲁士的波恩大学医学院院长的信。

的谴责贵国国王无耻暴行的檄文之后。"

波恩大学的回信姗姗来迟，语气冷漠："兹由本人，波恩大学医学院现任院长，代表尊贵的德意志帝国皇帝，普鲁士威廉国王陛下，回应阁下日前对德意志民族的侮辱，谨向您表达彻底的蔑视。"

莫里斯·讷曼博士在信后也附了言："为表示学院对污点之唾弃，随信寄回您的诽谤文字。"巴斯德的回信平静了些许，虽仍坚持对"违背人道主义法则的……国王"的蔑视，但行文较为温和，信末表示遗憾，并称"想到您和我这样的人，毕生致力于真理和人类精神的进步，如今却交换着这样的文字攻击，我深感痛心，但这就是贵国皇帝发动侵略战争的后果之一。院长先生，您在信中提到了'污点'。可在巴黎饥荒蔓延、投降已成定局的时候仍决意轰炸它，并在明知轰炸不可能让这座英勇的城市投降之后，继续狂轰滥炸。请您相信，从今往后，直到最遥远的将来，这一行为都将是战争发起者记忆中一个永远的污点。"

这些激烈的言辞正体现了当时法国民众对普鲁士的普遍反感甚至怨恨，尚齐元帅揭露的"德军罄竹难书的暴虐……野蛮的烧光抢光"更是激起了众怒。这就是战争的真面目啊！但说时迟那时快，转眼弗朗什-孔泰也被攻陷了。

卢瓦尔军团战败后，布尔巴基将军率东部军团离开，让-巴蒂斯特和表兄约瑟夫·维肖也集合到了这支军团中。布尔巴基命令一支装备落后、缺乏训练的军队在冰天雪地中守住贝福。从1870年11月3日，当费尔·罗什洛上校带领驻军展开英勇卓绝的抵抗起，到1871年1月间，斑疹伤寒和天花削弱了部队的战斗力。但是很快，士兵们听到援军炮声渐近，又燃起了希望。

布尔巴基带领他的手下，从贝桑松附近的一个小火车站出发，步行经过（上索恩省的）维艾塞克赛尔。1月9日战斗打响，持续到第二天，双方短兵相接，场面惨烈。普鲁士人后撤，法国人赢了！胜利是短暂的。布尔巴基未抓住关键时机，法军决定再次前进，但沿着利赞河，从蒙贝利亚尔到埃里古，一路都遭到抵抗，德军有足够的时间加强防御。

布尔巴基下令正面攻击，精疲力竭的队伍又被卷入了鏖战，萨伏伊兵团和祖阿夫兵团全军覆灭。1月15日的埃里古一战死伤人数最多，普军严防死守，牢不可破。18日，布尔巴基谨慎地命令队伍向蓬塔利耶后撤，避往瑞士。

贝尔福的希望破灭了。当费尔·罗什洛坚守城池，直到2月18日，梯也尔政府命令其缴械投降①。坚持了104天的守卫者们骄傲地离开了一片废墟和5000具遗体，他们为受屈辱的法国保留了一点体面②。

法军在自己的国土上与敌人厮杀，巴斯德既骄傲又担忧地写道："勇敢的让–巴蒂斯特正……有幸与那帮恶徒搏斗。"③他不知道他勇敢的儿子如今身在维艾塞克赛尔，也不

---

① 基于2月15日普法签订的停战协议的规定。
② 因为当费尔·罗什洛所率部队的英勇抵抗，贝尔福地区虽然属于阿尔萨斯，但仍归法国所有。
③ 1871年1月11日写给克里比耶夫人的信。

知道他的侄子约瑟夫·维肖在埃里古大腿中了两枪，要不是一把贴身短刀让子弹射偏，他就第三次受伤了，而且是很有可能让他送命的致命伤。

东部军团兵力所剩无几和被迫撤退的消息于1月24日传到阿尔布瓦，巴斯德心急如焚。他们的儿子在哪儿？受伤了？生病了？失踪了？普鲁士军队正在逼近，比他们先到的是德军野蛮恐怖的各种传言。想到他曾写过的关于普鲁士国王的那封信，等待他一家的将是怎样的命运呢？巴斯德惊慌失措。

不久以前，意大利刚向他伸出橄榄枝，给他一个米兰学院的农业应用化学教授席位。接受还是拒绝？他很快做了决定：抛弃法国就是背叛。但对儿子的思念之情和对德军的恐惧感交织在一起，离开阿尔布瓦已势在必行。

当晚[①]，全家人挤在一辆老旧的四轮敞篷马车里，东颠西倒地上路了。所有的汽车都已被征用，这是仅剩的选择。巴斯德对马车夫说："我们走蓬塔利耶那条路。"这一决定意味着他们走上了一条冻土冰封的漂泊之路。

马车行进在汝拉高原上，整整70公里冰雪覆盖的路程，他们中途歇脚了三次。27日早上，马车驶入了满目疮痍的蓬塔利耶。所到之处都是垂头丧气、衣衫褴褛、饥肠辘辘、伤病交加、缺胳膊断腿的士兵……有人围着火，有人避着风，还有些人在教堂挤成一堆……看着这些残兵败将，巴斯德不

——————————

① 走得真巧，因为第二天普鲁士军队就进入了阿尔布瓦。

禁感叹道："哪怕是拿破仑从俄国撤退，也不会比这番景象更悲惨了。"布尔巴基感到大势已去，试图自尽。早前他发电报给战争部部长："您无法想象12月以来军队所受的苦难。"巴斯德和他太太踏遍每一条街道，逢人就问："您有第21猎兵团的消息吗？您认识巴斯德下士吗？"他们偶遇了圣克莱德维尔的外甥波布隆少校，但没有获得任何信息。有个士兵提供了一条线索，但只能让他们更担忧："我所能告诉您的就是这个团1200人，只剩了300人。"另一个士兵说让-巴蒂斯特还活着："昨天在沙富瓦，他睡我旁边。他一直都在后方，他生病了。你们到去沙富瓦的路上找找看，没准能碰到。"巴斯德一家立即上路，一出蓬塔利耶地界，就与一辆载满士兵的小车擦肩而过。其中一人站了起来，正是让-巴蒂斯特，他没想到在这儿能见到父母。一家人终于团聚，悬着的心落下了，他们抵达日内瓦。1871年2月初，志愿兵让-巴蒂斯特再上战场，而巴斯德在里昂的连襟卢瓦尔家里安顿下来，卢瓦尔此时是里昂科学学院的院长。

　　过去一段时间的忧惧、苦痛和怨恨，尤其是第三帝国的垮台，使巴斯德从中做出了一个分析；其实早在1852年的德国之行他就开始思考了，走到今天，这个思考终于有了成熟的结论。1871年3月他在《社会解救》上发表了《为何法兰西在危机时刻没有精英救世》，捍卫科学作为一种文化的重要性，倡议让科学重新回到世纪初的优势地位。他指出法国不幸战败的根源，揭露"法国遗忘甚至蔑视所有思想成果，尤其是精密科学的成果"，并与邻国比较："德国在兴建更多大学，学校之间充满健康、正面的竞争，博士们和大师们被荣誉和尊重包围，实验室面积很大，拥有最先进的仪器设备；反观法国，连年革命，徒劳地寻找最佳的政府组织形式，对高等学府甚为疏忽。"他还指出，科学是进步的源泉，能促进医学、工业和农业发展，而进步才能使民族富强。

巴斯德批评完政府对科学的轻慢，这一章便揭过，现在他又急着让自己的实验室焕发活力了。3月29日，他写信给杜克洛[1]："我脑子里装满了美妙的计划。战争荒废了我的大脑，现在我要准备新发现了。哎，这也可能是我的错觉吧！但无论如何，总得试试。"工作[2]！

就在前一天，3月28日，自3月18日开始的人民起义成立了巴黎公社政府。内战无可避免地在围城的普鲁士军队眼皮底下打响了。成千上万的尸体，无法补救的破坏，直到被血腥镇压，史称"五月流血周"。

巴斯德一家不可能去巴黎，也不可能回阿尔布瓦。于是杜克洛在克莱蒙费朗接纳了他们，在实验室里给巴斯德辟了

---

[1] 埃米尔·杜克洛（1840—1904），巴斯德最早的合作者之一。1862年他便加入了巴斯德在巴黎高师的实验室，参与对发酵的研究，并毕生从事这一领域的科研。他致力于传播巴斯德的思想，既通过向酒农和牲畜饲养人实地传授经验，也通过课堂教学，还通过诸多作品的发表，其中包括1887年创立的《巴斯德研究院年鉴》。1895年巴斯德去世后，杜克洛接任巴斯德研究院院长。生命的最后几年，他是第一批德雷福斯派成员，成立了人权联盟。见佩罗·A.和施瓦茨·M.的著作《巴斯德和他的士官们》。

[2] 原文为拉丁语。——译注

一个角落，巴斯德在这里开始了对啤酒的研究……一种好过德国啤酒的法国啤酒，"复仇的啤酒"！

　　战乱结束了。1871年5月10日签订的《法兰克福条约》再次明确了2月26日俾斯麦和梯也尔在凡尔赛签署的合约草案。战争共造成18.5万人死亡，23.3万人受伤。法国损失惨重，割让阿尔萨斯和洛林，并在3年内支付50亿法郎赔款。[①]德意志帝国在普鲁士翼下统一，将在30年里占据欧洲霸权。而法国则在外交上被孤立、被排挤。

　　巴斯德在奥弗涅腹地研发的啤酒不足以平复法国人民的复仇渴望。阿尔萨斯和洛林的丢失让巴斯德难以释怀，所有的法国同胞都感同身受，更为血腥的第一次世界大战的种子已经在此播下。

奥托·冯·俾斯麦，德意志帝国首任宰相，被称为"铁血宰相"

---

① 法国失去了144.7万公顷领土、1694个市镇、159.7万居民，以及20%的矿业和钢铁冶金业。

第六章

韦尔斯泰因医生和炭疽杆菌

　　罗伯特把隆隆的炮声、遍地的死难者都抛在了脑后。这5个月恐怖的插曲他巴不得赶快忘掉。他回到诊所,与焦急等待的病人们重逢⋯⋯也再一次遭遇了财务困难。怎样才能在收入微薄的行医生涯和花费巨大但他越来越感兴趣的科学研究之间找到平衡呢?

　　于是他参加了一个考试,想获得隶属于公共卫生部的"地区医官"职位。1872年春,他获得了考试资格,答辩委员正是他在拉克维茨救治过的男爵。他最终获得了韦尔斯泰因①地区医官这个全新设立的职位!罗伯特、艾米和小楚蒂前往这座依山傍水、仅有3000人口的美丽小城,并在这儿度过了幸福而有意义的8年。将来等他们离开时,罗伯特·科赫已经声名显赫了。一家人住在一幢两层小楼的一楼。很多年以

---

① 即今天波兰的沃尔斯汀,靠近波兹南。

后的1940年，歌楚德这样描述他们的住所[①]："四个房间，外加一个阁楼，足够我们这个三口之家居住了。餐厅很大，透过宽大的凸形窗，能看到三面外景。明亮宽敞的玄关用作病人等候区，从那儿可以进入我父亲的诊室。诊室有两扇窗，朝着花园，洒满阳光。门和窗户中间摆着一张书桌，桌上堆满书和手稿。"随着罗伯特的研究铺得越来越开，艾米把房间用帘子一隔为二，把诊室和实验室分开。就在这个简陋的小实验室里，罗伯特完成了他关于炭疽病的前沿研究。若干年后，科赫开始运用显微照相术，此时窗户和光线的位置变得至关重要。实验室必须具备最佳的采光条件。在他拍下一张照片之前，艾米得走到外面去，通知丈夫天上有没有云飘过，因为云会影响光线，继而打断拍摄。罗伯特因此称艾米为"云的疏导员"。

地区医官是公务员编制，工作繁重。他要保证全区的卫生状况、接种天花、开具死亡证明、督导当地医生和医院的运作，还要做很多公共卫生鉴定。他要读书刊文章，以了解前沿医学发展。担子重，钱又少，因此科赫在本职之外又开始了私人行医生涯。这里旧属波兰，1815年随拿破仑战败而划

---

① 普尔·G.，《罗伯特·科赫在韦尔斯泰因，女儿歌楚德·普尔的回忆》，载于《德国医学周刊》，1940年，第66期，第355—357页。莫雷尔斯·B.，《罗伯特·科赫：人格与事业(1843—1910)》，汉诺威，施莫尔与冯·塞菲尔德·纳什出版社，1950年，第93页。布洛克·T.D.，《罗伯特·科赫：医学和细菌学的一生》，麦迪逊(威斯康星州)，科技出版社，1988年，第22页。

归普鲁士[①]，很多病人都不会德语。虽然在拉克维茨时他稍微学了点波兰话，但仍远远不够，他只得雇了个仆人，兼当翻译。

罗伯特的工作时间很长。许多病人，尤其是周边的农民，要等白天农活干完才赶着马车过来看病。他很快获得大家的信任和喜爱。有一位邻居表达了对科赫医生的敬爱之情[②]："多好的医生啊！浑身散发着让人惊叹的平静的气息。好多次我妈妈都说，科赫医生只要一走进病人的房间，一切就都会好起来，病人立刻感到安心了、有救了。他对孩子们尤其好，很少有医生像他这样被孩子喜欢。"

要是还有空余时间呢？罗伯特就立刻在他小小的、简单的实验室里开展研究。他所有的设备里值得一提的是一台当时最高水准的显微镜，是艾米送给他的，为此艾米还向自己的父亲借了钱，确切地说是从父亲为她准备的投资中支取了一部分。为了做实验，他还需要动物。全家都动员起来捉老鼠，反正屋子里有的是。一些来看病的农民也会带着老鼠来。还是那位邻居回忆道："老鼠是他做实验的最爱。艾米和他们的女儿歌楚德一起照看他的'动物园'。有兔子、豚鼠、一大笼子老鼠，啊，对了，有一次他甚至还想法子弄来了两只猴子，是供他接种伤寒用的。"

---

① 今天又回归波兰了。

② 莫雷尔斯·B.，《罗伯特·科赫：人格与事业（1843—1910）》，第96页。威尔森·T.，《罗伯特·科赫（1843—1910）：科学的历险》，阿什福德出版社，2000年，第7—8页。

　　巴斯德的人生格言是"工作"（laboremus），科赫的座右铭是"绝不无所事事"（Nunquam otiosus），并予以彻底地实践。诊所医生、地区医官、研究者，科赫身兼数职。依然是那位邻居说："我们几乎每天都能看到他坐着辆小破马车，来往于乡村的路上。车子吱嘎吱嘎响，路又坑坑洼洼，颠簸不平。这样过了一天以后，晚上还要像他那样做研究，常人是难以想象的。"即便如此，罗伯特·科赫还抽出时间照顾他最爱的女儿歌楚德，品尝美酒和美食……甚至还对考古萌发了兴趣。韦尔斯泰因有好几处史前遗址，先后发掘出了陶器碎片、动物和人的骨骸。科赫参与了此项工作，甚至就这些发现写了篇文章，投寄给柏林《考古学会报》。他把这件事告诉了著名的菲尔绍。菲氏正好也对考古和人类学感兴趣，得知此事后，迫不及待地于1875年来访。他们到其中一处遗址漫游了一番，过程相当愉快。分手时，两人已结为好友……不过两年后，科赫发表了关于炭疽病的历史性发现，他们又激烈地彼此反对了。炭疽病是科赫长久以来的研究重点。这到底是一种什么病呢？

　　在西里西亚，在博斯平原，在欧洲其他许多地方，每年7月起，就有很多牲畜流着黑血死在牧场里，尤以牛羊居多。饲养者担惊受怕，就怕夏天高温来临，因为这种可怕的病症定期造访，某些牧场成了"被诅咒之地"。由于对病因一无所知，对其传播束手无策，这些牧民们每年只能等着被"诅咒"。炭疽病是最致命的畜类传染病，其后果对牧场来说可能是毁灭性的。

不同的国家对这一疾病有不同的称呼。法国称之为"黑炭病",或简称为"炭病"。英国称之为"anthrax",这个词在希腊语里就是"炭"的意思。之所以如此命名,是因为染病动物的血是黑色的,如果人被感染,也会出现黑色的皮肤脓肿。德国则称之为"Milzbrand",意为"脾火",因为染病动物的脾脏会变成黑色。法国人也观察到了同一现象,因此有时也称之为"脾血病"。

染病动物急速死亡。通常仅在死前一到两天,才会出现症状。动物会狂躁一阵子,然后虚弱下去,粘膜出血,喉咙和腹部肿大,伴有孔流血。

1873年,罗伯特·科赫开始研究炭疽时,正是学界对微生物在传染病病原学[1]中的作用众说纷纭之时。欧洲一些著名的病理学家,如德国的鲁道夫·菲尔绍和奥地利的泰奥多尔·比尔罗特,否认微生物在传染病中会起到任何作用。但是英国外科医生约瑟夫·李斯特[2]为了消灭伤口里面和伤口周围的微生物,成功地发明和使用了外科消毒法,这给微生物感染和微生物致病说带来了有力的证据。巴斯德本人在1865年至1870年研究蚕病时,已经发现这种病就是由微生物

---

[1] 病原学指研究疾病病因的学说。

[2] 约瑟夫·李斯特(1827—1912),英国外科医生。1865年他获知巴斯德的细菌造成腐烂的理论,受到启发,想到肌肉组织的坏死(坏疽)通常由伤口或手术造成,因此得出结论,坏疽可能是由周围空气中的微生物造成的。于是他在手术场所、器械和手术服上都喷了消毒剂(石炭酸),由此大大降低了手术死亡率。这就是消毒法的由来。

引起的。在德国，如我们所知[1]，科赫的一位老师雅各布·亨勒在1840年发表文章，称自己确信被传播和感染的不是疾病本身，而是病因；而病因应该是生命体，能在有机体之外被复制。亨勒没有继续研究下去，但若干年后，另一位德国医生，菲尔绍的助手埃德温·克雷伯，重拾这一理论并细化了实验步骤，认为，可以通过实验确立微生物在传染病中的作用。这将是后世所谓"科赫法则"[2]形成的基础。

科赫正是通过对炭疽病的研究，开始考虑微生物与传染病的关系。当时炭疽病正在韦尔斯泰因肆虐，造成牛羊畜牧业的重大损失；他身为地区医官，具备近距离接触该病的有利条件。1873年，我们对炭疽病的病原学，尤其是可能的致病菌有多少了解呢？有些人说这一发现属于法国人，有些人则认为它属于德国人。事实究竟如何？

相关的第一篇文章[3]是由法国人皮埃尔·海耶在1850年发表的，他在文中提到了通过向一只健康的羊注入病羊的血液而使其患病。海耶指出，在病羊体内，"血液中有一种极细小的物质，约相当于血球长度的两倍。这些物质没有任何自发运动"。然而作者并不理解这些"细小物质"意味着什么。1863年，在比较病理学[4]的开课讲座中，他甚至压根没提

---

[1] 见第二章。

[2] 见第十章。

[3] 皮埃尔·海耶，《脾血病的传播》，载于《生物学会论文与会议纪要》，1850 (1851)年，第2卷，第141—144页。

[4] 比较病理学旨在比较人和动物的疾病。

及这一发现。值得注意的是，在1850年的论文中，海耶提到几次感染实验的助手名叫达维恩先生，此人我们之后还会介绍。

在德国，一位不知名的医生阿洛伊斯·伯兰德于1855年发表文章，讲述他在1849年秋天，从患病动物的血液中发现了一种杆状体。这一发现从时间上说要早于海耶。他提出以下疑问："我完全不知道这些引人注目的神秘微粒来自何处，是何性质。它们存在于生命体的血液中，还是在动物死后才出现？是消化的产物，还是腐烂的产物？……它们具有传染性吗？来自疾病的宿主，还是与疾病无关？"伯兰德虽然未能提供答案，但至少提出了这些杆状体具有致病的传染性这一假设。

在法国，1856年，相关研究迈入了新阶段。阿尔福兽医学校的奥内斯姆·德拉丰，可能从1838年起便观测到了这些杆状体，到了1856年，他把这些杆状体撒进盛满有机液体的小玻璃杯里，终于实现了人为培育。这证明了上述杆状体是有生命的，有点类似于藻类或纤毛虫。但德拉丰没有像伯兰德提出假设那样，发现其致病性。他写道[1]："我远未想到这些信息跟炭疽有什么关系，也没看到它有什么致病传染性。不过，我认为患病动物的血液具备一种致病性因素，有利于

---

[1] 梅契尼科夫·E.，《现代医学的三位奠基人：巴斯德、李斯特和科赫最后的记录》，巴黎，菲力克斯·阿尔康出版社，1933年，第45—47页。也可见瓦莱里-拉多·L.，《巴斯德的一生》，巴黎，阿歇特出版社，1900年，第372页。

这些微粒的大量繁殖。"他认为，这些杆状体或者说微粒，可能是疾病造成的后果，而不是疾病的成因。1861年，德拉丰早逝，终年56岁，他没能继续这方面的研究。

　　现在就让我们来会一会炭疽杆菌传奇中的一位关键人物，卡西米尔·达维恩。从1850年协助海耶从事感染实验以来，他一直密切关注着巴斯德的发酵研究（1855—1863）和蚕病研究（1865—1870）。他认为，海耶发现的"细小物质"，也就是被其他研究人员定义为"杆状体"或"微粒"的东西，有可能是病原体。[①]1863年到1873年，他发表一系列文章，试图证明这一观点。达维恩确定，可以通过将患病动物的血液注入健康动物来使后者染病；这一点德国人弗雷德里克·奥古斯都·布劳尔在1857年至1858年也观察到了。达维恩还指出，如果将血液过滤，滤液不能传染疾病；这一点也被同时期的德国人欧内斯特·梯格尔证明了。综合上述两点，可知炭疽病是由血液中一种无法通过滤网的微粒导致的。达维恩认为，传播疾病的只可能是这种前人发现的微粒，他将其命名为"炭疽病杆菌"。然而在当时，人们还不能接受微生物可能导致牛羊死亡的观点。而且正如艾利·梅

———————————

① 《关于俗称脾火病的疾病的血液纤毛虫研究》，载于《科学院纪要》，第57卷，1863年7月27日会议。

契尼科夫①指出的："关键是，达维恩所说的微粒不能解释炭疽病的自然传播，因此反对者认为他的理论不成立。很多年来，这种病年复一年出现在某些固定的地方，人们认为它肯定和土壤有关。只要春天把一群羊赶到某片牧场，很快炭疽病就会零星发作，然后大规模疫情会持续整个夏天。但如果这些羊去的是别的地方，那即便有零散病症发生，也不会扩散，这说明炭疽病的病原体有超强的生命力。而达维恩则认为，这种微粒或者说杆菌，很容易就能被摧毁。尽管在干燥以后，含有杆菌的病血仍然在一段时间内具有致病性，但最终它是会失效的。"②达维恩的实验远不足以让所有人信服。

以上就是前人关于炭疽病的研究情况。1873年起，科赫也开始用显微镜观察病羊体内的血液。和前人一样，他也看到了血液中挤满了杆状体。1874年4月12日起，他观察到了一些意义重大的现象。血液样本里的细菌变长，成为丝状，内部出现了一些等距透明点。这是人类第一次观察到这些细菌形成了芽孢。科赫的当务之急是证明这些细菌的的确确就是

---

① 艾利·梅契尼科夫(1845—1916)，原名伊利亚·伊里奇·梅契尼科夫，后入法国籍，改名艾利。动物学家、解剖学家和细菌学家，1888年加入巴斯德研究院。1882年，在研究海星幼虫细胞时，他发现了一种能吞噬外来异物的游走细胞。因此推断，类似的细胞(他称之为吞噬细胞)参与了有机体抵抗微生物的过程。他毕生致力于验证这一观点，并获得了1908年的诺贝尔生理学或医学奖，也因此成了细胞免疫学之父。见佩罗·A.、施瓦茨·M.，《巴斯德和他的士官们》。

② 梅契尼科夫·E.，《现代医学的三位奠基人》，第45—50页。

炭疽病的成因。他想起了老师亨勒教给他的步骤，在动物体外培养细菌，然后证明培养物的接种能导致病症。但他缺少的，正是这种细菌的培养基。

他独自一人在临时实验室里开始了不知疲倦的工作。从这一刻起，他的研究工作侵占了日常生活，甚至不惜占用行医时间。艾米负责监督，在担任"云的疏导员"工作之前，她先要筛选病人，把病情不那么危急的分给科赫的另一位同事。尽管这么一来，科赫的担子减轻了，但艾米仍得时不时把他从实验室里拉出来，履行医生的职责。1875年年末，科赫关于炭疽的研究进入关键阶段。圣诞节之后，元旦之前，他在一只兔子的角膜上切了个口，在其玻璃体里植入了一小块被感染的动物组织。很快，不仅这只兔子患了病，连它的玻璃体里也出现了大量细菌。至此他解决了一个前人（可能德拉丰除外，见上文）遗留的难题：玻璃体可以是培养炭疽杆菌的绝佳环境。他去邻近的屠宰场寻求帮助，很快便获得了这种他梦寐以求的培养基。

这种培养基的特别理想之处还在于，它体量不大，只需要在载玻片上滴一小滴，就能在显微镜下观察整个培养过程。但还有一个技术问题没解决：温度。因为科赫很快发现，细菌在30℃至35℃之间繁殖特别快。怎样在一个没有煤气也没有电的实验室里维持这一温度呢？科赫想出了一个精妙的装置。方法简单，取材便利，艾米的厨房和花园就有。他在一个盘子里装满潮湿的沙子，上面覆盖一张滤纸，然后再放上滴有培养物的载玻片。他把整个装置放到煤油灯上烤，自己小心调节火焰高度，以保证温度适宜。这个办法非常管用，他甚至能让温度恒定，误差仅在1℃至2℃！

科赫在人工培养的过程中再次确认了他在1874年4月观察到的现象：在一些培养物中出现了长长的丝状物，里面有一些能反光的小球体。丝状物逐渐分解消失后，小球体们会排成一列。他对博物学的敏感立刻告诉了他答案，这是芽孢。细菌像蘑菇一样可以产生芽孢，这又是谁的发现呢？法国人和德国人都有。科赫的灵感来自一个德国植物学家和微生物学家，他叫费迪南德·科恩，就住在邻城布雷斯劳①。

科恩出生于1828年，是当时最有名的植物学家。19世纪60年代，他萌生了对细菌的兴趣（当时很多人认为细菌是一种微型植物），并在1872年出版了一本重要著作《关于细菌：最小的生命有机体》，主要观点是：自然界存在各种不同的细菌，可以通过其形态差异进行分类。1875年，他发现一种从干草中提取的、被命名为枯草芽孢杆菌（*Bacillus subtilis*）的棍状细菌，在特定条件下可以形成芽孢，即使把培养物烧到沸点，这些芽孢仍能存活。这一发现于1876年发表之后，科恩被视作细菌芽孢的发现者。但其实细究起来，巴斯德发现芽孢要早于科恩。他第一次提及芽孢是在1861年关于丁酸梭菌的研究中，他称芽孢为"胚芽体"："弧菌外表通常呈圆柱形，但我们发现它经常由一串颗粒物或极为短

①　如今是波兰的弗雷茨瓦夫。

小的微粒构成，它们毫无疑问就是这些细菌的雏形。"[1]1862年至1863年，巴斯德再次观察到同一现象，把它写入了《啤酒研究》。他在蚕软化病的致病细菌里也发现了同样的颗粒。杜克洛说："1869年，巴斯德在软化病弧菌里发现了它们……他认为这些芽孢、这些包囊……比杆状菌更顽强，可以忍耐长时间的干燥，这就解释了蚕病（在养蚕业）为什么经久难愈。"

　　无论如何，不管芽孢到底是巴斯德还是科恩发现的，第一个在炭疽杆菌中发现它们的是科赫没错，是他处理、培养和观察到了芽孢。将其置于有营养的液体中，这些芽孢能催生出同等效力的许多杆状菌。不仅如此，他甚至通过培养传递了8次杆菌，每次都用前一次的培养成果孕育出下一批，然后证明第8批杆菌的致病能力和第一批毫无二致。他从死去的动物身上提取血液，制造出比细菌更顽强的芽孢。芽孢不同于细菌，哪怕被煮沸，处在干燥中，几个月甚至几年，它仍然是危险的。炭疽杆菌能够产生不惧外界环境变化的芽孢，这是一个关键：那些"被诅咒的牧场"之所以反复出现炭疽，是因为芽孢的存在。巴斯德也承认这一点："科赫博士在1876年发表了一篇卓越的论文，指出，达维恩发现的那些丝状物可以在分裂后变成闪光的微粒，然后就像我刚才提到弧菌时说的那样，这些丝状物自动消失，而微粒则能在血清中或眼内液体中再生出许多小棍状体。我觉得对于所谓的

---

[1]　《科学院纪要》，1861年2月25日会议。

蚕软化病，我们也应该想到是这种情况，微粒们可以潜伏一年又一年，等时机成熟时再传播疾病。这就是科赫博士的观点，也是达维恩实验中缺少的一环。"[①]

另外，科赫还发现炭疽杆菌能通过食物传播。如果把炭疽杆菌或芽孢混入食物中，年幼动物会死亡。由于缺少经费，他没能在成年动物身上做同样的实验。

让我们归纳如下：科赫实现了在眼球房水中培养炭疽杆菌，并完成了8次传递，最后把病菌植入老鼠体内。他还证明，细菌中能诞生顽强的芽孢，芽孢也能致病，这可以解释炭疽的流行病性质。他把杆菌命名为炭疽杆菌（*Bacillus anthracis*），从词形上接近科恩的枯草芽孢杆菌（*Bacillus subtilis*），用*anthracis*是因为他确信这种杆菌导致了炭疽病（anthrax）。实验表明，这种炭疽杆菌是造成炭疽传染病的原因。

科赫花三年时间获得了巨大进展。要不要发表这些重要的结果呢？他有些犹疑。他还年轻，只有32岁，身份低微，只是个乡村医生，而且脱离科学界，孤身一人在简陋的实验室工作。他有没有在实验或证明过程中犯错？最好找个有名气的科学家问问。于是他想到了费迪南德·科恩，他家离韦尔斯泰因只有几小时火车车程。

---

① 《科学院纪要》，1877年4月30日会议。

尊敬的教授：

我有幸在《植物生物学文稿》上拜读了您关于细菌的大作，极感兴趣。我个人研究炭疽病的传染已有一段时间。经过多次失败，我终于发现了炭疽杆菌（*Bacillus anthracis*）完整的生命周期。经过多次实验验证，我确信自己的结论是正确的。然而在正式发表这一发现之前，我希望您，尊敬的教授，细菌学领域最强的专家，能屈尊检验一下我的结论，并予以指点。因此，我诚恳盼望有机会登门拜访，亲自向您演示我的基本实验结果。如您同意，敬请告知方便的时间。

　　此致
敬礼

罗伯特·科赫，地区医官

科恩于1876年4月22日收到这封信，起初不免怀疑重重。他担心这又是众多民间科学家中的一员在突发奇想。但他还是接受了科赫的请求，建议一周后的周日见面。不难想象科赫这个见习研究者有多激动。到了那一天，他子夜一点即出发，带上所有东西：试剂、兔子、老鼠，甚至还有青蛙。这一路花了10个小时，中午到达科恩家。

科赫当着科恩及其合作者的面，演示了所有实验，在场的人无不震惊。科恩完全信服，他激动地叫来了一位朋友，布雷斯劳病理学研究院的院长，也曾是菲尔绍的学生——朱利斯·科恩海姆，让他也来看一看实验。科恩海姆同样瞠目结舌，他打电话给助手们："立刻停下手头的一切工作，过来认识一下科赫。这个人有了一个重大发现，而且其方法之简明、之精确，令人钦佩。"

科恩要在自己的杂志《植物生物学文稿》上刊登科赫的发现，科赫受宠若惊。在发表生平第一篇论文[①]之前，他做了一个实验，证明枯草芽孢杆菌的芽孢与炭疽杆菌的芽孢不同，前者不能在老鼠身上引发炭疽病。而激动的科恩则提议由他来描绘炭疽杆菌的不同生命阶段以及芽孢的形成。他有一台更好的显微镜，所以这件事做起来并不难。因此，科赫在1876年10月发表的具有历史意义的论文，配图其实是由科恩描绘的。

论文尚未发表时，有一次科恩去伦敦，把科赫的发现告知了著名物理学家约翰·廷德尔，因为他之前也曾在空气中探测到能在沸腾后继续存活的细菌状物质。廷德尔完全被这位年轻的德国医生征服了，成了科赫最热情的捍卫者，并把他的论文翻译成了英文，这使得科赫的研究广为传播。但是大功就此告成了吗？炭疽病的病原学就此确立，并被完全接受了吗？远非如此。即便在德国，当科赫1878年在科恩海姆的引荐下去拜访菲尔绍时，菲氏认为他的论文结论不正确。科赫一直非常崇敬菲尔绍，尤其是两人还曾一起在考古遗址上愉快散步，大师的论断让他深受打击。而在法国，也有一位科学家对科赫的发现将信将疑，此人并非无名小卒，正是巴斯德，他在1876年年底读到了科赫的文章。

[①] 科赫·R.，《基于炭疽杆菌的生命周期论炭疽病的病原学》，载于《植物生物学文稿》，1876年2月，第277—310页。

第七章
巴斯德想扳回一局

有一点令人困惑，在科赫关于炭疽病原学的报告里，他压根没有提到巴斯德的名字。是一时疏忽，还是有意为之？让我们姑且相信科赫是无辜的吧！前文中已经说过，他是个偏僻地方的小医生，细菌学知识全凭自学，没有图书馆，没有老师。他可能的确不了解巴斯德的研究工作，毕竟这些成果首先隶属于化学和物理，离医学很遥远，后来的发酵和蚕病也与医学及公共卫生无关。当然，我们后面会看到，巴斯德对此不以为然。除了研究领域的因素以外，语言也是一个问题。科赫基本不懂法语，在巴斯德关于炭疽病的论文发表之后，1877年7月15日，科赫写信给科恩："巴斯德关于炭疽杆菌培养的内容很有意思，我要是能读法语原文就好了！"巴斯德其实也一样，尽管在1852年德国之行中他多次提到"想学德语的强烈愿望"，实际上他的德语跟科赫的法语水平差不多。

巴斯德了解到科赫的论文时，自己正在和发酵"难解难分"。1875年6月到10月,就在科赫开始研究炭疽的同一时间,巴斯德在阿尔布瓦建了个实验室,研究酒精发酵。1876年6月,科赫的论文刊登之前没多久,巴斯德发表了《啤酒研究》,展示了他战后从杜克洛家开始的研究成果。诚然,他也曾因为蚕病涉足过传染病领域(1865—1870),但始终没有下定决心踏入人类和动物的疾病研究。要进入医学的迷宫,他感觉自己还未准备充分。也许科赫的文章是个契机,燃起了巴斯德的兴趣,让他战胜了犹豫,带着一贯的激情和充沛的精力打开了新学科的大门。

巴斯德的动力究竟是什么?后人也只能凭空猜测。或许是出于自尊心、爱国情感以及认定科赫没有说服力的直率信念?说自尊心,因为他认为微生物对传染病的影响,应该是他发酵研究的必然推论,这是他的课题。在近作《啤酒研究》①中,他刚写过自己研究的结论得出的推论:"我们看到,啤酒和葡萄酒中含有微生物,这种微生物以不可见的令人意外的方式进入酒体,继而大量繁殖,这才造成了酒类的变质。明白了这一点,我们很难不设想同样的情况会在、也应该能在人类和动物身上出现。"结果这一理论却是由一个名不见经传的年轻医生完成了论证,怎能不让他恼火呢?尤其这个医生还是德国人,来自他从战争爆发就深深仇恨的国度,这就更让他无法接受了。最后一点,他分析和指出了科

---

① 巴斯德·L.,《关于啤酒、啤酒病、啤酒病之病因以及使其不变质的工序》,巴黎,高蒂尔·维拉尔出版社,1876年。

赫和达维恩实验的缺陷。在他看来，这些实验是有争议的，不可能说服大多数认为疾病在人体和动物体内自然发生的医生和兽医。正如1877年8月他给兽医布莱的信中写的："按照达维恩和科赫……的做法，把一滴感染了炭疽病的血液混入水中，混入纯净血液中，混入血清或眼房水中，然后把混合液植入动物体内，造成动物死亡，这样做还是会让人对致病原因存疑。"因为无论是达维恩植入未经稀释的血液的做法，还是科赫植入有限稀释液的做法，都不能排除一种可能性，即致病因子存在于病血中，但并非炭疽杆菌，而是别的物质。

于是轮到巴斯德登场了。1877年年初，他开始了艰难的工作。2月9日，他向公共教育和艺术部部长宣布了自己的研究："我今年的研究任务与败血症和炭疽病有关。"他说这话也是为了申请一笔经费借款。2月11日，他向发生了炭疽病的沙特尔市的兽医布岱重申了自己的打算，要求对方给他寄一些染病动物的血。与科赫不同，巴斯德有装备，有工具，有自己的实验室，有自己设计的一套器材，尤其是有20年科研经验造就的精良技术。他可以无限地复制细菌，他也知道哪怕是稀释度很高的微生物，在有利的环境下也能轻易繁殖。对炭疽杆菌来说，这个有利环境就是尿液。他找了高师毕业的学生儒勒·茹贝尔做助手，进行了一系列实验，以证明仅有炭疽杆菌就能导致炭疽病。4月30日，他向科学院通报了实验结果。他采用了科赫的重复移植细菌的原则，但通过大量稀释，对科赫实验的不确定因素予以纠正。

　　杜克洛详细介绍了具有决定性的实验："我们的做法是，连续培养炭疽杆菌，每次做新的移植时，从前一次的培养里只抽取一滴，滴入大约50毫升的新尿液中。稀释比例，第一次是千分之一，第二次是百万分之一，第三次是十亿万分之一。十几次之后，这个比例已经微乎其微，以致用于第一次培养的血液的原液，在最后一次实验中变成了沧海一粟。这滴原液中的所有成分，即我们想研究是否有致病性的那些成分，不管是红血球、白血球，还是任何性质和形状的细小粒子，要不就是在环境改变时被摧毁，要不就是在极端稀释后融入'汪洋'，难寻其踪迹。只有炭疽杆菌存活了下来，它在每一次的培养中都能大量繁殖。这最后一次实验得到的培养，任取一滴，仍然具有跟原液同等的威力，能轻易杀死一只兔子或是一只白鼠。因此我们证明，具有病毒性的只能是炭疽杆菌。"①

　　就这样，巴斯德给炭疽杆菌的病原学实验画上了一个圆满的句号。一方面，正如他在1877年4月30日说的那样，他承认科赫描述炭疽芽孢的论文是"一篇杰作"；另一方面，他是否又想从科赫获得的荣耀中分一杯羹呢？人们对此莫衷一是，即便是与巴斯德最亲密的学者也无法给出定论。埃

---

① 杜克洛·E.，《巴斯德：一位智者的历史》，索镇，夏黑尔印刷所，1896年，第313页。

米尔·鲁[①]和埃米尔·杜克洛，在老师巴斯德去世后，都在1896年撰文评价其成就。他俩意见一致，认为巴斯德的实验才是关键性的。杜克洛以权威的视角断然否认了一些猜疑："1877年4月30日的（巴斯德汇报给科学院的）实验结论简洁清晰，让人赞叹。当时以及后来，有人一直说这个实验是没有必要的，说它的结论已经有人得出过而且已经被学者们接受。这话没错，但（以前的那个结论）并不是所有人都接受了，接受它的人也无法说服其他人。有些人对其结论坚信不疑，可没人能彻底确认无误。"[②]但艾利·梅契尼科夫持不同意见，他同意巴斯德的贡献是很重要的，但还不到杜克洛说的那种程度。他认为科赫的实验，尤其是验证芽孢具有传染能力的那些实验，是完全令人信服的。巴斯德的实验对海耶、伯兰德和达维恩的观察都很有意义，还记得吗，达维恩就是在了解到巴斯德的发酵研究以后才继续研究炭疽病的。梅契尼科夫的最后结论不偏不倚，力求公正："法国人巴斯德告诉人们炭疽杆菌的真正含义，德国人科赫则告诉人们炭

[①] 埃米尔·鲁（1853—1933），医生、细菌学家、免疫学家，可能是巴斯德最密切的合作者。他1878年加入巴斯德在巴黎高师的实验室，积极参与了鸡霍乱、炭疽病和狂犬病的疫苗研究。1878年，巴斯德研究院开张，巴斯德本人由于连续的脑中风行动力受限，埃米尔·鲁和埃米尔·杜克洛实际上领导了研究院。1904年，杜克洛去世后，鲁接替他的院长职位，直至1933年去世。他对白喉颇有研究，包括和亚历山大·耶尔森一起发现了白喉毒素，以及和埃米尔·贝林一起发现了血清疗法。这些都将在后章详述。见佩罗·A.、施瓦茨·M.，《巴斯德和他的士官们》。

[②] 杜克洛·E.，《巴斯德：一位智者的历史》，第315页。

疽杆菌是同名疾病的唯一传染源。在科学问题上，最好要排除所有爱国情感。"①

因此，科赫和巴斯德通过实验，确凿无疑地证明了一种传染病——炭疽病，是由一种特殊的微生物导致的。科赫和巴斯德都称这种微生物为炭疽杆菌。这伟大的第一步由此开启了细菌对许多传染病的致病性研究。这一发现同样标志着法国学派和德国学派激烈竞争的开始。梅契尼科夫和他的智者之语将很难被听到……

现在还剩下一个假设未经证实，即科赫认为的炭疽病在那些"被诅咒之地"死灰复燃，是由于芽孢的存在。尽管在实验室封闭的小空间里，炭疽杆菌已无所遁形，但在广袤的乡间，炭疽病依然肆虐，损失惨重。博斯平原是个重灾区，农户们清点着"被诅咒之地"上的牲畜死尸，计算着数以百万计的经济损失。1878年夏天，巴斯德向农业部递交申请，希望开展实地研究。牧场受灾最严重，是疾病传播之乡。基于这一事实，需要找出源头所在。巴斯德选择了沙特尔，而且"非常有幸"，接待他的是"开明农户"莫努里先生，圣日耳曼拉葛丁的市长。而他的合作者张伯伦和鲁在研究期间也都住在该市。

巴斯德想弄清楚畜群之间是如何互相传染的，疾病是如何扩散的。他想不通的是，为什么芽孢在这些"被诅咒之地"生命力特别顽强，能抵御风雨和阳光，保持毒性至少12

---

① 梅契尼科夫·E.，《现代医学的三位奠基人》，第58页。

年之久。埃米尔·鲁回忆起这次"有益健康的野外细菌学研究"，讲述了他的老师基于观察产生的直觉："收割已毕，田里只剩秸秆。巴斯德的注意力被一小块地吸引了：那里土壤的颜色与别处不同。农场主解释，上一年他们把死于炭疽病的羊埋在了这里。巴斯德凭着一贯的仔细，发现土壤表面有许多蚯蚓排泄出来的细小卷状物，于是想到，蚯蚓从土壤深处来到地表的过程中，随身携带了死尸周围的腐殖土，腐殖土中的芽孢也就这样跟着来到了地面上。巴斯德从来不停留在概念上，他马上着手做实验。实验结果证明了他的假设。蚯蚓体内的土喂给白鼠以后，白鼠患上了炭疽病。"[1]

巴斯德的结论非常明确："蚯蚓是微生物的使者，它们从腐尸身上，把可怕的寄生虫带到了地表。"他也给出了建议："永远不要把动物埋在提供草料或是预备饲养牛羊的田野里。"[2]

巴斯德还认为，如果牛羊在埋葬了患病动物尸体的土壤上面吃草，被传染的程度要好于被带刺的秸秆在嘴里或肠道里刺破的伤口。

巴斯德所做的这些田野观察后来受到科赫严厉的批评，但他另一个不太起眼的发现，对他未来的研究工作起到了至关重要的作用。在1880年7月12日发表的文章的一个注释里，

---

[1] 鲁·E.，《巴斯德的医学成果》，载于孔布·A.、吉拉尔·C.、格里尼耶·G.编辑《化学家记事》，巴黎，阿歇特出版社，1896年，第527—548页。

[2] 巴斯德、张伯伦、鲁，《关于炭疽病的病原学》，载于《科学院纪要》，1880年7月12日，第91卷，第86页。

巴斯德写道："长时间待在被感染土地上的羊群中，有8只羊没有患病，实验结束后，我们在它们体内注入炭疽杆菌，有几只仍然活了下来。而没有在被感染土地上待过的同一个种类的新羊，基本都在注射炭疽杆菌后身亡了。"巴斯德一直记着这件事，猜想也许这些幸存的羊之前食用过被感染土地上的草料，染上了炭疽病但没有发病，反而获得了免疫力。如果这一假设成立，则炭疽病是一种一旦得过就不会复发的病。这一观察和思考鼓励着巴斯德去寻找对抗炭疽病的疫苗。

第八章

科赫，微生物的驯化师

在研究炭疽病时，科赫发现了微生物是其致病原因。那么是否困扰人类的其他许多传染病也是微生物造成的呢？科赫会在这一领域继续研究下去，并与合作者们一起取得巨大的成功。但在此之前，他很清楚自己的技术条件过于简陋了，因此做了很多创新，直至今天，这些方法仍然是细菌学的基础：优化显微镜的使用、首创显微摄影、固体培养基、灭菌和消毒等。

我们还记得，当初科赫给费迪南德·科恩演示实验的时候，不得不带上了全部家当，其中包括动物和细菌。许多学者，如科赫、巴斯德，为了让学界了解他们的发现，都会在论文中附上展示显微镜下观察结果的手绘图。早年跟随爱德华舅舅学到的知识，包括摄影方面的达盖尔照相法，引发了这位新晋细菌学家的灵感。为什么不把显微镜观察到的内容拍成照片呢？①要做到这一点，首先必须更好地给细菌着色。这一点不难，难的是把摄影这一操作复杂繁琐的新生技术运用到显微镜观察中。当时胶卷还没诞生，照片都是用涂了照相乳剂的玻璃板拍摄的。整个过程非常复杂，首先把碘化后的硝酸纤维溶于酒精，形成火胶棉；然后把火胶棉涂到玻璃板上，放入置于暗处的硝酸银溶液中，使之生成感光的碘化银。这样的火胶棉玻璃片制作非常耗时，而且一旦做好就必须立即使用。在显微摄影中，样本的照明是关键。理想状态是在阳光充足的白天到户外拍摄。但在韦尔斯泰因，太阳时隐时现，任性而随意，这时就轮到"云的疏导员"艾米出场了。拍摄过程冗长、繁琐、乏味，有许多需要克服的技术难题。因此科赫花了一年半时间，在省吃俭用购买了昂贵的器械之后，总算在1877年11月的《植物生物学文稿》上发表了名为《细菌分析、保存和摄影过程》的文章，并配上了一张细菌的照片。这篇文章意义重大，照片质量即使在今天看来也很好。但当时，由于用于印刷的照相制版术还不存在，照片是逐一人工贴到每本杂志上去的。

　　科赫还为显微镜技术改良做出了贡献。按他当时的实验条件，观察到体积较大的炭疽杆菌是不成问题的，但要观察到更小的细菌，特别是受感染组织里的细菌，可就困难了。1878年夏天，他造访了位于耶拿的卡尔·蔡司光学仪器厂，

---

① 这个念头不是全新的，过去已有人想过，阿尔贝·蒙泰西耶在1866年出版了《显微镜摄影》（巴黎，J–B.巴耶尔父子出版社）。

遇到了该厂的顾问——杰出的物理学家欧内斯特·阿贝。这次相遇带来了两人合作实现的两个技术革新：油浸物镜和聚光镜——阿贝聚光镜。

这些高效的技术立刻让科赫获益，不仅极大提高了他显微镜的分辨能力，而且对他日后的工作也会有极大帮助。但是，并不是所有科学家都会一下子拥护这些新技术的。菲尔绍就曾经蔑视地声称："所有干透镜（而不是油浸镜）看不到的东西都毫无价值！"

科赫首度利用这些技术观察的，是那些感染伤口，继而进入血液和组织，再到引起败血症的致命细菌。这些细菌造成战场上大量伤员死亡，科赫自己曾亲历普法战争，感受尤其直接；而且在1867年李斯特发明无菌法之前，同样的细菌还曾造成手术台上的大量死亡。前文提到的炭疽病研究先驱，法国人达维恩，也是败血症领域的先驱之一。1872年，他继续前人科尔兹和菲尔兹的研究，把受细菌感染的血液注入兔子体内，导致了败血症，而且这种致病能力在数次传递后依然存在。达维恩因此断定，引起血液败坏的微生物可以导致败血症，他称之为"败血酶"，但没有一一识别究竟是哪些细菌。1870年战争期间，德国人埃德温·克雷伯在显微镜下观测了一百多名死于败血症的士兵的解剖样本，发现了各种形态的细菌。但当时流行的观点是，所有的细菌都是一种微生物在不同形态下的表现，因此他给这些细菌取了同一个名字：败血小孢子菌。

轮到科赫时，他通过新型的显微镜技术和显微摄影技术进行观察，认为引起败血症的是不同种类的细菌。他沿用良师益友科恩的观点，把细菌按照形状和其他特性进行分类。1878年，科赫把他的观察结论集结成一本小书，名为《伤口感染继发病的病原学研究》。值得注意的是，科赫并没有像对炭疽杆菌那样培养这些败血症致病菌，他在书中做了一个很有意思的解释："（虽然如此）细菌纯培养是完全可行的，即便是最小、最难辨认的细菌也能培养得出来。这时就不是在实验室器皿里操作，而是在动物身上做实验……事实上，培养病原体细菌的最好方法就是在动物身上培养。"几年以后，巴斯德研究狂犬病时用的就是这种方法。引发狂犬病的不是细菌，而是病毒，病毒既不能被显微镜观察到，也不能在培养基中进行培养。科赫提出这一观点时，细菌理论仍未被广泛承认，他的这一观点违反了亨勒制定的细菌应在体外培养的规则，可以说是极为大胆的。如何才能确定真的是细菌，而不是别的什么神秘实体导致了疾病的发生呢？一些细菌致病说的反对者，如菲尔绍，就是这么提出质疑的。

1876年到1880年，科赫度过了在韦尔斯泰因的最后几年，他不知疲倦地工作，永无闲暇，但家里的经济状况却每况愈下。他的精力愈发集中在科研上，而忽视了医生本职。可问题是，科研不仅不能带来收入，还使他经常为了研究工作东奔西跑，去布雷斯劳，去其他地方，这些都是很花钱的，这还没算上购买仪器设备的开销呢！但在歌楚德看来，这段时期像一个"长长的礼拜日"。父亲带她在花园里领略大自然的美；晚上他带她散步，抽着烟斗吞云吐雾，时而用烟斗戏弄一下家养的公鸡；在家里，他趴在地上模仿动物的叫声，让女儿爬到他背上。他是一个普通的爱女心切的父亲。然而，这种对女儿毫无保留的深情和温柔，对妻子却似乎有些吝惜。夫妻感情开始逐渐变淡。罗伯特靠工作躲避，工作占据了他越来越多的精力，但并不总能带来让他满意的结果。

这一段对歌楚德来说田园诗般的岁月，其实却是科赫职业生涯的低潮。工作常让他沮丧，他感觉自己与世隔绝，封闭在简陋的实验室里，与科学界没有任何交流，经济上也很窘迫。1879年7月，他的保护人科恩设法帮他在布雷斯劳谋了个职，跟他在韦尔斯泰因的职位相似。布雷斯劳是个大城市，工作待遇也更高。他走时满怀希望，韦尔斯泰因的居民们依依不舍，惋惜最喜爱的医生离他们而去；但仅仅8个月以后，他们又高兴地看到了他回来的身影。科赫在布雷斯劳没能建起顾客群，只能重回韦尔斯泰因。不过很快，他又去了柏林。

1871年起，柏林成了统一各邦联后的德意志帝国的首都。法国根据《法兰克福条约》支付的500万赔款大大促进了德国的工业化进程。在大学围墙以外，政府新建了一些机构，发展科技。1887年，帝国物理技术研究所成立，标志着一个重大的制度化改革：这是第一个以科研为任务、获得大量财政投入，但又不隶属于大学的专门机构。

柏林是工业和科学发展的中心。新都大兴土木，集合了好几个皇家机构，其中有柏林皇家卫生局，局长海因里希·斯托克是俾斯麦的私人医生。而协助他的委员会成员里就有费迪南德·科恩。1880年4月，已经出名的科赫被任命领导一个全新的细菌学实验室，同时拥有政府顾问的头衔。毫无疑问，科恩对促成这件事起了决定性作用。这个任命非常有吸引力，但因为没有工资，所以科赫必须在柏林这样的大城市里找到稳定的就诊客户。在布雷斯劳的不幸遭遇还记忆犹新，他强烈要求能有一笔工资，好养活家人。他胜利了。一获得局长批准，他就立刻回复：能在7月10日，也就是3天以后，到柏林上任！前途一片光明。科赫卖掉了家具，卖掉了设备，携全家于7月9日动身，几乎没带什么行李。这一年，科赫37岁，他真正的科学家生涯才即将开始。

从1873年研究炭疽病开始，他一直都是孤身作战，如今一转眼，就置身于一个文化繁荣的大首都，在一个货真价实的科研机构里工作了。从此以后，他将拥有自己的科研助手，并与人合作，但同时也不会放弃独立的研究活动。

他的实验室是由公寓改造而成的，起初，他只分到了一间房，房里只有一扇窗。但很快，他就又获得了另一间房，这回房里有三扇窗，采光明亮，利于显微镜观察。科赫刚来，就有一位28岁的军医弗雷德里希·勒夫勒①请求跟他一起工作。后来卫生局又派给他另一个军医，30岁的乔治·加夫

---

① 弗雷德里希·勒夫勒（1852—1915），德国军医、卫生学家和细菌学家，科赫最早的合作者之一。他发现了很多传染病的致病菌，如马鼻疽和猪瘟，第一个培养了白喉杆菌。1910年，他创立了世界上最早的病毒研究院，后更名为弗雷德里希·勒夫勒研究院。1913年，他成为罗伯特·科赫研究院院长。

基①。一支精诚协作的工作团队就这么建了起来，领头的科赫颇有大学者风范。勒夫勒在科赫60岁生日时发表了《回忆录》②，其中写道："我还记得，当时我们俩各自在科赫的一边工作，他每天都能在我们惊讶的目光下演示一些细菌学的新发现。在头儿的影响下，我们也从早工作到晚，几乎想不起来基本的吃喝拉撒的需求。这段时光将永远珍藏在我们的回忆中。在他身边，我们学会了严密观察，精确工作，精力充沛地投入项目。"实验室的工作氛围吸引了其他人陆续加入，和皇家卫生局之间也有了合作。韦尔斯泰因的孤独曾让科赫耗尽了灵感，如今他身处年轻、热情和活跃的研究群体中，如鱼得水。大家从早到晚都在交流、讨论，那种劲头就跟同一时期巴斯德的巴黎高师实验室一样。

　　也就在这一时期，科赫做出了他对细菌学操作也许是最伟大的贡献，即用固体培养基进行细菌纯培养。大家可能会想，巴斯德在研究发酵和炭疽病时，不是已经运用了纯培养技术吗？没错。但这首先是因为微生物在提取时已经或近乎是纯的了。比如说，在感染炭疽病的羊血里，可能只有炭疽

---

① 乔治·加夫基（1850—1918），德国军医、细菌学家，他和勒夫勒一起，是科赫最早的合作者之一，1884年成功分离出了艾白氏发现的伤寒杆菌。他参加了科赫发现霍乱弧菌的埃及之行，并参与了1892年汉堡霍乱和1897年印度鼠疫的研究。1904年到1913年担任柏林传染病研究院的院长。

② 勒夫勒·R.，《写在罗伯特·科赫60大寿》，载于《德国医学周刊》，1903年，第938页。莫雷尔斯·B.，《罗伯特·科赫：人格与事业（1843—1910）》，第129页。威尔森·T.，《罗伯特·科赫（1843—1910）：科学的历险》，第27页。

杆菌而没有别的细菌。而且，巴斯德使用的培养基正好是适应于他所研究的微生物的。这样的方法不可能用于从不同细菌的混合物中单独培养一种细菌。要获得纯培养，就必须从单一菌种出发，使得培养物只能是这一种细菌的繁殖结果，而且要在培养过程中做好灭菌工作，避免其他任何微生物混入。这正是罗伯特·科赫做成的事。

　　他第一次产生这个念头，是在参观费迪南德·科恩的实验室时。科恩的一个学生，约瑟夫·施罗特观察到，放置了一段时间的熟土豆片上有小小的突起。这些突起颜色不一，在显微镜下看到其中有细菌。如果把这些突起少量移植到另一片土豆片上，则会长出颜色与前者相同的新的突起。这意味着每一个突起都是某一菌种的纯培养。可以明确的是，每一个突起都是一种菌落，来自第一片土豆片上最初的唯一细菌。让菌落悬浮在无菌液体培养基中，就可以获得纯培养。虽然科赫没有提及施罗特的观察——这有点奇怪，但毫无疑问他就是在施罗特的基础上开展固体培养基的细菌培养的。一开始，他按照施罗特的做法，在土豆片上培养，后来发现致病菌在这一介质上无法生成菌落，他就想到了自己制作固体培养基。怎么做？在培养基里加明胶。明胶遇冷会凝固。结果如何？他如愿以偿，覆盖着明胶的玻片上长出了致病菌的菌落。

　　虽然拥有了固体培养基是个巨大的进展，但明胶这种介质也有缺点：温度一接近人体体温，它就开始液化。可人体的温度却正是很多致病菌繁殖的最佳温度；而且当外界气温太高时，明胶也无法使用。这给后来科赫在印度培养霍乱菌造成了很大困难。

这个难题在赫斯夫人的橱柜里得到了解决。沃尔瑟·赫斯医生于1881年到1882年在科赫实验室工作了半年，负责研究空气悬浮细菌。他们朝一个涂满明胶的管子里吹气，使菌落在管子里生长。到了夏天，明胶融化，所有实验结果付诸东流。这时候，他的太太法妮·赫斯建议他试一下琼脂。她一直是用琼脂来凝固果冻的，这个秘方来自她母亲的爪哇朋友。琼脂是从印度尼西亚地区常见的红色海藻中提取的多糖体。赫斯太太的主意产生了很大的经济效益，直到今天，细菌学的固体培养基都还是用琼脂制作的。最后一项技术改良来自科赫的一个学生，理查德·佩特里。1887年佩特里发明了以他名字命名的佩氏碟，即培养皿。在培养皿问世之前，固体培养基都是放置在长方形的玻璃片上，保持绝对水平，然后用钟形罩盖上以隔绝污染。佩特里发明了圆形的玻璃小盘，上扣同样形状的盖子，这样就大大简化了操作流程，而且可以透过盖子直接观察菌落，降低了污染风险。①

固体培养基的重要性有两点。第一，可以获得仅由一种细菌生成的纯培养，这对辨别大多数传染病的致病细菌具有关键意义。这就彻底淘汰了巴斯德通过不断稀释以确定炭疽杆菌致病性的复杂实验：只要涂一点病血在合适的固体培养基上，然后提取出菌落，就足以获得炭疽杆菌的纯培养。第

---

① 在科赫的时代，培养皿是玻璃的，如今则是透明塑料制品。

二，可以列数某一样品的细菌种类。只要重复稀释该样品，然后涂抹在固体培养基上，即可计数样品含有的菌落数。这一方法很快就被科赫用于灭菌消毒技术的改进中。

皇家卫生局是最佳实验场地。他首先对许多化合物的灭菌特性产生了兴趣。我们知道，李斯特受到巴斯德的启发，在1868年指出，在给伤口消毒时使用石炭酸，可以大大减少感染概率。但科赫得出的结论出人意料。他用石炭酸处理培养物后数了一下存活的细菌，发现数量仍然很多，也就是说李斯特消毒法效率不高。他提议用其他一些物质，李斯特迫不及待地跟进试验。随后，在加夫基和勒夫勒的帮助下，科赫确定了给培养物和仪器灭菌的最佳方法。他们认为，高压蒸汽灭菌非常有效，并在1881年发表了论文。其实他们不是最早提出这一点的人，1879年，查尔斯·张伯伦在巴斯德的实验室里发明了以他名字命名的高压蒸汽灭菌锅。第一代张伯伦灭菌锅当年由Wiesnegg公司出品，自1882年起该公司更名为Lequeux，整整一个世纪在繁华地段设店，生意兴旺[1]。

在韦尔斯泰因的最后几年和在柏林的头几年，科赫为现代细菌学打下了技术基础：显微镜、显微摄影、固体介质培

---

[1] 在张伯伦的讣告中，鲁写道："张伯伦继续研究孢子繁殖的微生物的耐高温性，并由此建立了培养基灭菌规则。他把这些规则写进了1879年答辩的科学博士论文，这篇论文包含了现代细菌学技术的基础。为了方便对培养基和其他材料进行消毒，张伯伦组装了一个高压蒸汽锅，这种灭菌锅在细菌学实验室、外科手术和消毒中必不可少。"（鲁·E.，《查尔斯·张伯伦》，夏黑尔印刷所，1906年，第2—6页）德国人却并不提这件事。

养、灭菌消毒……他在柏林如鱼得水，艾米却并非如此。母女俩怀念韦尔斯泰因，怀念与当地病人和邻居的关系，怀念花园和所有的小动物。艾米一直以来都感到孤独，来到柏林以后孤独感更甚，她的丈夫沉迷于新实验室，越发不顾家。夫妻间隐隐的紧张感日渐扩大。

第九章

相遇：伦敦国际医学大会

在科赫驯服细菌以前，巴斯德已指出微生物是传染病的病原体。"人类正手无寸铁地迎战一个未知的、不可见的敌人。"1880年他写信①给李斯特，"这局面让我想起了1870年战争中我们可怜的士兵们，一排又一排倒在视线不可及的地方射来的炮弹下。"②微生物理论建立了，现在要考虑如何保护人类和动物免受其侵扰。有一个想法在巴斯德脑海里逐渐浮现，那就是接种疫苗。

疫苗的概念由来已久。很久以前人们就观察到，有些病是不会复发的。最明显的就是天花，这种病极易传染，曾在世界范围内肆虐，造成数百万人死亡。可怕的病，可怕的流行。患者全身布满脓疱，其中的脓水就是传染源。6世纪的中国人就已有了种痘技术，也就是通过脓水把天花传播到健

---

① 1880年1月2日的信。
② 克虏伯加农炮带来的痛苦回忆。

康的孩子身上，避免他们万一身体虚弱患病而死亡。18世纪初，英国驻奥斯曼帝国大使的夫人沃特利·蒙塔古女士，看到当地种痘预防天花的效果显著，便把这种方法带回英国。不过种痘也是有危险的，被接种的孩子们有时会染上一种致命的天花而在接种后死亡。18世纪末，一位名叫爱德华·琴纳的英国乡村医生发现了牛身上一种温和的病——牛痘，有时候会在挤奶女工身上留下几个水疱，不过症状很轻。他发现这些挤奶女工不会得天花，于是1796年5月14日，他从一个患牛痘的人的水疱里挤出一些汁液，然后注射到一个小男孩身体里。这就是种牛痘。它使天花这种病在两个世纪以后从地球表面消失了。①

琴纳不知道传染病是由微生物造成的，巴斯德则清楚其中原委：他觉得，天花和其他传染病一样，毫无疑问是细菌导致的。他非常了解琴纳式的种牛痘，其"机制"一直让他困惑。牛痘的致病菌会不会就是天花致病菌的一种缓和表现形式呢？既然牛痘菌能防治天花，那是否意味着对其他传染病而言，也会存在一种缓和形式的致病菌能防治更猛烈的致病菌？这个问题困扰着他，他不断对合作者说："我们要培

---

① 有一些人也想过用预先接种的办法抵抗疾病，其中包括博物学家奥扎斯·蒂雷纳（1812—1870）。他在理论上宣扬可以用种牛痘的方式进行梅毒接种。巴斯德的外甥阿德里安·卢瓦尔声称巴斯德拥有《梅毒接种》这本书，他把书藏在一个特殊抽屉里。

养传染病的病菌①，使人们对该疾病有免疫力。"

1879年到1880年间，这条道路偶然开启了，当时巴斯德正和埃米尔·鲁以及查尔斯·张伯伦一起研究在家禽中致死率极高的鸡霍乱。②他们发现，如果将鸡霍乱的致病细菌的培养基放置在空气里，任其老化几个月，细菌会不复过去那种威力，它们减毒了。把这种减毒培养液注入鸡的体内，之后再注入更强力的细菌，这只鸡安然无恙。就跟牛痘可以使人对天花免疫一样。1880年4月26日，巴斯德向科学院通报："如果要更清楚地解释我的实验结果，请允许我用'种痘'这个词来表示给鸡注入减毒病菌。"

当时巴斯德对于免疫机制的想法很简单，但他很快就意识到，这么想是完全错误的。他本来的想法是，这些减毒微生物可以消耗掉机体里供病菌繁殖的营养，使更强力的病菌无法发展："但也可以做些假设。我个人认为最有可能的是，这些致病微生物的生存和繁殖有个前提条件，就是必须在被感染的有机体内或者在被放置的培养基内，找到它们需要的营养成分。有一件事能够证明这一点：当我们把用来培养鸡霍乱病原体的鸡汤培养液过滤之后，这个鸡汤就不能再

---

① 当时"病菌"一词广义地指所有病原体。人们不区分能在光学显微镜下观测到的、能够自体繁殖的"细菌"，和直到1930年以后随着电子显微镜问世才被观测到的、只在细胞内繁殖的"病毒"。炭疽病和鸡霍乱的致病微生物是细菌，而天花和牛痘的病原体是病毒。

② 我们现在已经知道，这种病和人得的霍乱毫无关系。鸡霍乱是由一种巴氏杆菌导致的，其命名是为了纪念巴斯德的重要实验。

成为同一种微生物的新培养液了，但还能用来培养其他微生物如炭疽杆菌。为什么？最大的可能是，第一次培养已耗尽了鸡霍乱病原体生存和繁殖所需的养分，但还保留着炭疽杆菌所需的养分。在我试管里发生的现象，或许也能在动物体和人体内发生呢？"[①]为了解释免疫需要的较长时间，巴斯德设想被耗尽的养分可能是有机体内很稀有的成分，如铷和铯。

之后，巴斯德又在鲁和张伯伦的协助下开始研究炭疽病的免疫。1880年9月，他在牛的身上验证了之前在羊身上成功的实验，即在炭疽病的幸存动物体内注入强力的炭疽杆菌，它们也不会再得病。是否可能像鸡霍乱的防治一样，让炭疽杆菌和空气接触，使其老化，以获得一种减毒的免疫变体？这回事情可没那么简单！科赫已经指出，炭疽杆菌有一种特性，即如果任其培养物老化，其中会产生芽孢，并且"无论过多长时间，其活力和效力都没有任何变化"。既然如此，怎样才能使其减毒呢？巴斯德想到了培养的温度："当中性鸡汤达到45℃时，炭疽杆菌不再发育。在42℃到43℃时，其培养非常容易、非常迅速，但……不产生芽孢……关于其毒性，我们观察到，炭疽杆菌在42℃到43℃间放置8天，就能被灭毒；至少其培养物对白鼠、兔子和羊——这三种最适宜传播炭疽杆菌的动物都无效。这样一来，我们不就可以轻而易举地找到合适的减毒杆菌，让马、牛、羊等动物患病而不至

---

① 兽医总会，1880年1月22日会议。

于死亡，以令它们对毒性更强的炭疽杆菌免疫了吗？我们在羊身上做了实验，结果很成功。"[1]

原来是控制温度这么简单的问题！在42℃到43℃下，能培养出不产生芽孢的减毒炭疽杆菌。这种减毒菌株能有效保护羊群，使其对更致命的同种细菌免疫。这一结果很快传播开来，得到了一些人的拥护和更多人的怀疑。莫伦的一个兽医罗西涅尔就是批评者中的一个，他嘲笑这是一种"时髦的微生物崇拜"，要求巴斯德提供决定性的证据，并主动提出，可以在莫伦农业协会的监管下进行公开实验演示。巴斯德接受了挑战，跟罗西涅尔沟通了他的实验计划，包括50只绵羊、若干头牛和山羊，一半将注射减毒炭疽杆菌，一半则不做任何防治处理。这样的公开实验无疑是在拿巴斯德的名誉做赌注。实验在莫伦附近的普伊勒佛尔进行，地点就在罗西涅尔自家农场。整整一个月，好奇的人不断涌进村庄，围观一轮轮注射，评头论足……实验获得了巨大成功。25只注射过减毒杆菌的绵羊在毒性更强的炭疽杆菌面前悉数存活下来，另外25只没有注射过的则死了。巴斯德于1881年6月2日收到一封电报，信末写道"非凡的成功"，署名罗西涅尔。记者们蜂拥而至，人群中爆发出掌声，怀疑消散了。这种声称由巴斯德首创的方法研制的疫苗，很快就在全世界投入使用，从炭疽病的魔爪中挽救了数以百万计的牛羊。

---

[1] 巴斯德、张伯伦、鲁，《病菌的减毒和毒性恢复》，载于《科学院纪要》，1881年2月28日。

　　这次实验令大多数法国老百姓都相信了巴斯德关于疫苗的理论，现在还需要攻克世界其他地方。机会来了，1881年，伦敦举办国际医学大会。巴斯德将在此初遇罗伯特·科赫。科赫在德国得知了巴斯德取得的传染病学方面的成绩后，一时难以接受，因为他一直认为这是属于他的领域。自从来到皇家卫生局，他能更便捷地获取世界各国的科学进展，其中包括巴斯德自1877年以来所有公开发表的文章。科赫读过后耿耿于怀。

　　第七届全球医学大会在伦敦圣詹姆斯大厅召开，由詹姆斯·佩吉特爵士主持。来自全欧洲的3000名与会者济济一堂，其中有59岁的巴斯德，声誉卓著，因为最近的公开实验而踏上事业巅峰；还有38岁的科赫，由于炭疽病芽孢的发现而崭露头角。巴斯德的女婿勒内·瓦莱里–拉多陪巴斯德参会，深情地描述了在开幕式上巴斯德如何受邀登上为贵宾预留的讲坛："大厅里爆发出热烈的掌声，人们喝彩欢呼。巴斯德转身向他的陪伴者——儿子和女婿做了个担忧的姿势：'可能是威尔士亲王来了。我该早点到的。''可人们是在向您欢呼啊！'大会主席詹姆斯·佩吉特爵士满脸笑容地说。"[1]除了这一（不知是刻意的还是发自内心的）谦虚表示，巴斯德在同僚中泰然自若，机敏而善辩，并做了简短而出色的发言："在座各位热烈的欢迎，使我深感荣幸，这勾起了我的回忆，让我想起了人生中有类似感受的一些时刻：

———————————

① 瓦莱里–拉多·L.，《巴斯德的一生》，第466页。

当贵国伟大的外科医生李斯特宣布，是我1857年关于发酵的论文给了他灵感，使他开始思考外科消毒法时，那一刻我是何等满足；当我国卓越的医生达维恩宣布，是我1861年关于丁酸发酵及弧菌的研究给了他启发，使他在炭疽病上有了新发现时，那一刻我是何等喜悦……"①

　　巴斯德通过这种方式提醒大家，他才是微生物学的创始人。接着，他介绍了自己如何获得了鸡霍乱的疫苗，随后又说："我们或可期待有一天，人类能发现所有传染病的疫苗。自然，最先开始的应该是对炭疽疫苗的研究。炭疽病，在英国你们叫作脾热病，在俄国叫作西伯利亚瘟疫，在德国叫作脾火病……我们首先会碰到一个问题。并非所有较低等有机体都会分解成我率先提出的'微粒–微生物'这一存在形式。关于这一点，诸位可以读读我在1870年发表的关于蚕病研究的文章。科赫博士发现，炭疽杆菌通过同一种模式即透明微粒或者说芽孢来进行繁殖……正如我在关于蚕病的著作中画过的一幅图所示，除这些微粒之外的其他物质都会逐渐消失。"巴斯德的确提到了科赫，但他强调的是，第一个描述细菌芽孢的是他巴斯德，是他在研究蚕病的时候发现的。科赫对芽孢有所研究，但第一个发现炭疽杆菌的致病性的，可不是德国人科赫，而是法国人达维恩。随后巴斯德又介绍

---

① 巴斯德·L.，《鸡霍乱和恶性炭疽的疫苗接种》，1881年8月8日在伦敦国际医学大会所作的报告，刊登于《国际医学大会学报》及1881年8月20日的《科学期刊》。参见巴斯德·瓦莱里-拉多汇编，《著作全集》，巴黎，马松出版社，1922—1939年，第6卷，第370—378页。

了在"被诅咒之地"里蚯蚓所起的作用。

他的发言由一句历史性的句子结束："我用'种痘'来称呼注射减毒菌株治疗传染病的方法，是希望科学界永远记住一位做出了突出贡献的英国伟人，他就是琴纳。"①

在大会上，巴斯德受到了尊荣礼遇，当晚他很高兴地写信给太太："讲坛上坐着的都是贵宾，包括威尔士亲王和普鲁士王子……全体都为我热烈鼓掌，包括威尔士亲王和普鲁士王子……我内心深感自豪……特别是想到在这么多外国人面前得到了特殊的礼遇……法国人大概不少于250人，但德国人还要多得多……佩吉特爵士礼数周到，他没有让我向普鲁士王子自我介绍……反而是王子本人走过来跟我说：'巴斯德先生，请允许我向您自我介绍，刚才您的发言非常精彩，我也鼓掌了。'王子还对我说了些别的，非常亲和。"②

李斯特是大会组织者之一，他发言时颇为骄傲地表示，已把自己位于皇家学院的实验室供科赫使用，做一个关于微生物研究的新技术的展示。③"我很荣幸地通知大家，今天下午，博士将在我的实验室展出他自己拍摄的、关于病原组织剖面和微生物作用的照片。无论是这些照片，还是他将展示

---

① 当时注射疫苗的人很少有人知道"疫苗"（vaccin）这个词来自"牛痘"（vaccine），词源是拉丁语vacca，就是"牛"的意思!

② 1881年8月3日的信。

③ 李斯特·J.，《论细微有机体在伤口周围的不正常增殖与伤口感染的关系》，载于《国际医学大会学报》，第七次会议，1881年，第1卷，第311—312页。布洛克·T.D.，《罗伯特·科赫：医学和细菌学的一生》，第115页。

的新技术，都一定会令人信服。因为由光描绘的图案将杜绝手绘图案中几乎难以避免的瑕疵和误差。"

鉴于德法之间的紧张关系，李斯特不得不分开邀请德国人和法国人参加晚宴，但他同时邀请了巴斯德和科赫于1881年8月8日前往他的实验室。这是两人第一次，也几乎是最后一次相遇。科赫展示了显微摄影术和固体培养基培养，巴斯德深感震动，握着他的手说："这是伟大的进步，先生。"①

普鲁士王子赞美巴斯德，巴斯德赞美科赫，看起来在法国人巴斯德和德国人科赫之间，会有不错的后续。

在大会一片祥和的氛围中，普法战争的阴影是否真的已经消散了呢？达朗贝博士认为如此，他在《辩论日志》（1881年8月17日和18日）中说道："两年前的阿姆斯特丹大会上，法德两国的学者之间横亘着窘迫、冷漠、刻意的生硬，我们看在眼里，纷纷表示遗憾。今天，在英国这个伟大的中立国家，我们很高兴地看到，可爱的英国同事们费尽心思，消除了未完全熄灭的火源里最后一丝火药味。由于他们的努力，法德两国的科学家迈出了重要的一大步。伦敦大会上两国的关系是正常的；德国同事主动示好，法国同事有礼回应。这是一个好兆头。"

他的这番言论过于乐观了。火源还未完全熄灭，炭火在灰烬下潜伏着。1881年年底，科赫引燃了火苗。他在《德

---

① 莫雷尔斯·B.，《罗伯特·科赫：人格与事业（1843—1910）》，第132页。布洛克·T.D.，《罗伯特·科赫：医学和细菌学的一生》，第116页。

国皇家卫生局研究文集》第1卷中发表了一篇关于炭疽病原学的论文①。这是一次挑衅，一种批评，"一种针对巴斯德的猛烈而持久的抨击"，亨利·布雷说。的确如此，文章言辞之激烈，让人愕然无语，试摘录几段如下："长度大小与炭疽杆菌类似、发病过程也类似炭疽病的其他致病菌，巴斯德是无法把它们和真正的炭疽杆菌加以区分的……巴斯德先生对炭疽杆菌所做的描述，表明他从来没观察到它的非复杂形态……"他驳斥巴斯德连续培养的实验，并称关于蚯蚓作用的理论是站不住脚的，对这一理论"甚至在德国都颇受拥护"感到遗憾。他反驳的理由是："巴斯德假设的一个必要条件是，炭疽芽孢始终深埋在地下，但事实并非如此……在很深的土壤里是否具备芽孢繁殖的条件，这是值得怀疑的……在柏林，3米深的土壤下，我们无论如何都找不着适合芽孢形成的地方。"这还没完，"巴斯德在罗西涅尔农场所做的实验非但没有价值，甚至有点天真。"然后是致命一击——巴斯德研究的所有结论可以归纳为："没有为炭疽病原学做出任何贡献；相反，给许多已经或即将明确的问题制造了混乱。"在同一本《文集》里，科赫的学生勒夫勒和加夫基，随声附和并且添油加醋。他们针对的是用减毒菌株对抗鸡霍乱和炭疽病的巴氏接种法。巴斯德的所有研究都是完全无效的，幼稚天真！

①　科赫·R.，《论炭疽病的病原学》，载于《德国皇家卫生局研究文集》，1881年，第1卷，第49—79页。

巴斯德直到1882年3月才得知科赫的攻击，圣宠谷医院的祖贝尔先生做了一个概要翻译[1]。这篇译文在法国引起众人的强烈反响，其中有H.布雷[2]，他逐条驳斥科赫的观点，而且惊讶地质疑，科赫作为伦敦大会上见证巴斯德所受礼遇的人，为什么"没有当着广大医学界同仁的面，证明巴斯德盛名之下，其实难副"？巴斯德受到了打击，他之前从未怀疑过科赫对他的敬意，否则在伦敦时，他伸出的手就不会那么热情……或者就不该伸出手去。令人惊讶的是，他居然很平静。3月17日，他写信给布雷："我不需要您替我做出辩驳。如有机会，我会亲自回答他，从实验角度，从方法论角度。"

算账的时间就在数月后，日内瓦大会上。

在此之前，巴斯德跟进炭疽病疫苗的准备、普及和注射，观测1880年年底开始的狂犬病研究[3]，润色他进入法兰西学术院的演讲稿[4]。而科赫也投入了新的研究：结核。

巴斯德很平静，但并非无所作为。柏林兽医学校的若勒夫教授致信巴斯德实验室，想要炭疽病疫苗。这是个在评委们面前公开实验的机会……巴斯德要求一个"德国的普利堡"[5]。普鲁士农业部部长同意了，任命了一个委员会，成员

---

① 载于《卫生局与卫生杂志》，1882年2月20日。

② 《H.布雷对柏林的科赫教授先生对巴斯德先生研究成果的评论之见解》，载于《兽医学评论》，1882年3月刊，第1—14页。

③ 1882年12月，第一只狗对狂犬病耐受。

④ 1881年12月8日当选，1882年4月27日进入法兰西学术院。

⑤ 1881年，巴斯德在法国著名的普利堡农场进行了一次经典的免疫攻毒试验。

有部长私人顾问拜尔、著名的菲尔绍，还有其他一些兽医界和科学界权威。巴斯德深谙游戏规则，要求由自己的亲信担任接种；出于谨慎，他通过外交渠道寄送疫苗。实验目的非常明确：要让诽谤者科赫哑口无言。他对法国大使说："我们必须打赢这一仗。"蒂利埃[①]被点名完成这一使命。蒂利埃于1882年4月到达柏林以南100多公里的帕吉什。第一批接种接近失败[②]，人们将其归因于羊群种类不同。在委员会的严密监督下，蒂利埃给250只羊进行了新的注射。这回成功了。委

羊群接种炭疽
病疫苗

---

① 路易·蒂利埃（1856—1883），1877年进入巴黎高师，1880年通过国家教师资格考试，进入巴斯德实验室担任实验室助理。他参加了1881年在匈牙利和此处提到的1882年在德国进行的炭疽病疫苗接种实验，发现了猪丹毒的致病微生物，并和巴斯德一起，研发了抗病疫苗。他还参与了对狂犬病的研究，最后在埃及进行霍乱研究时不幸早逝。

② 25只羊里有3只在第二次注射疫苗后死亡。

员会发出的官方通报，证明结果很好①。尽管如此，巴斯德并不完全满意：科赫没有正式承认自己的错误。

为什么科赫不是委员会成员呢？1882年4月6日，蒂利埃给巴斯德的信中说明了原委："拜尔先生跟我说，科赫不是委员会成员，因为他所属的皇家卫生局是德意志帝国的机构，而我们的试验是为普鲁士王国而做的。帝国和王国是两码事。"

在后面4月12日的信里，蒂利埃告诉巴斯德科赫发现了结核杆菌："您最近几天可能会收到关于科赫有了重大发现的消息。文章是3月14日发出的，但印刷品还没到。科赫的一个同事给了我一份，请您看一下摘要。"随信附上了摘要，以及他参观科赫实验室的纪要。蒂利埃认为，科赫的发现是很有说服力的，实验室设备也没得说。但他在最后说了些科赫的坏话："科赫先生不受同事待见。局长斯托克先生是个无知而善弄权术的人，他能坐上这个位子，全凭他曾经做过俾斯麦的私人医生。斯托克很不受欢迎，而被他保护的科赫先生呢，也连带着跟主子一起被鄙视。而且，因为出身于小城市，没有在科学中心待过，科赫有点土气，说话一点都不文雅。"

那么科赫的这个"重大发现"究竟是什么呢？

---

① 德国政府非常高兴，授予蒂利埃一枚勋章。巴斯德1882年10月5日写信给蒂利埃："首先祝贺您受到德国政府级别极高的表彰。他们没有表彰我，这是对的。只要他们记住这件事，就足够了。而对您来说，有没有这个表彰是大为不同的。我很高兴您圆满完成了任务。"

第十章

科赫杆菌

保罗·埃尔利希

　　柏林，1882年3月24日。在卫生局简朴的图书馆里，罗伯特·科赫当着生理学会专家的面做了一个研究成果通报。标题很简单："关于结核"。简单得让人好奇。坐在这儿的同事们都认识科赫这个人，独立、勤奋、严肃、不自满。他们也了解作为学者的科赫，了解他关于炭疽杆菌和芽孢的发现，关于微生物导致伤口感染的理论。但他们不禁疑惑，结核这种为害甚广的疾病，大家早就熟悉了，科赫能有什么新发现？科赫的声音庄重而明晰。讲着讲着，听众中出现了骚动。他们知道自己见证了一个历史性的时刻，科赫发现了结核的致病菌。这些人中就有保罗·埃尔利希①，未来的诺贝尔生理学或医学奖得主。

从伦敦回国不到两周，确切地说是自1881年8月18日起，科赫着手结核的病原学研究。他夜以继日，废寝忘食，仅仅7个月后，便成功分离了结核杆菌。这一发现使他登上了荣誉的巅峰。

结核，几个世纪以来都被称为痨病，是最可怕的疾病之一！从希波克拉底开始，众多医生、学者潜心研究，描述它的症状和病变过程，推定它具有遗传性，观察到它的传染性……取得过进展，也遇到过争议。

认为"活触染物"致病的一派中，有一位名叫弗拉卡斯特罗，1546年，他假设传染病（结核、梅毒……）是通过微粒传播的。与之相反，17世纪末，勒内-提奥斐勒·雷纳克——听诊器的发明者，最终和其母亲一样死于结核——虽然坚决认为结核在临床解剖学上是单一性疾病，却不认为这种病会传染。

认为结核是遗传病的观点在整个19世纪占了上风，传染派处于劣势。1865年，年轻的圣宠谷医院的军医让-安托

---

① 保罗·埃尔利希（1854—1915），医生、免疫学家，1878年获得医学博士学位，博士论文是关于动物组织染色问题的，这使他在1882年利用品红成功为结核杆菌染色。1887年，他成为柏林医学院教授，并开始对免疫产生兴趣，因此帮助贝林研发了血清疗法。1908年，他凭借抗体行为的免疫理论，与梅契尼科夫一起获得诺贝尔生理学或医学奖，因为"对免疫做出的贡献"。另外，他观察到一些染色剂可以杀死微生物，因此着手研究染色剂治疗法，成为"抗感染化疗之父"。

万·维尔曼，通过实验证明结核可由人传染给动物。[1]1876
年，时任布雷斯劳病理学研究院院长朱利斯·科恩海姆，也
就是科赫在他面前演示炭疽杆菌实验的那位，以及卡尔·萨
洛蒙森，两人成功复制了维尔曼的实验。

1881年在格鲁吉亚第比利斯召开了一次医学大会，会上
"教授中的教授"菲尔绍猛烈抨击雷纳克关于结核单一性的
理论，坚信其不同的临床表现对应不同的疾病。而科赫在他
第一篇关于该病的文章[2]中，虽然认为"维尔曼的发现……不
能肯定结核一定是一种传染病"，但"随后科恩海姆和萨洛
蒙森，以及更后来的鲍姆加滕，都成功复制了实验，证明了
结核的传染性"。在这件事以及后来许多其他发现上，我们
能清楚地看到科赫的态度：法国学者的实验结果，只有在被
德国人验证之后才是有效的！

前人的成果启发了科赫，他对传染病愈发感兴趣。伦敦
大会期间，他的实验得到了李斯特的鼓励和巴斯德的祝贺，
这或许更激发了他研究结核的意愿。自19世纪中叶以来，这
种疾病传遍欧洲各个社会阶层，1/5到1/4的人都死于结核。
工业化进程带来的负面效应——贫穷、拥挤、酒精、不卫生
加剧了疾病传播，死亡人数急速上升。例如在里尔，25%—
40%的人死于结核，约60%的工人的孩子在5岁前死于该病。

---

① 他把结核病人的痰液注入兔子体内，所有被注射的兔子都染上了结核。
　　1868年他发表了著名的《结核研究》。

② 科赫·R.，《论结核的病原学》，载于《柏林临床周刊》，1882年，第19期，第
　　221—230页。这篇文章仅在讲座举办之后三周就发表了！

而在普鲁士，每年结核会夺走3%当地居民的生命。

　　另外一个原因是，自从发现了炭疽病的病因以来，科赫相信结核也是由微生物致病的。他展开捕捉，并用过去研发的技术手段巧妙地把它揪了出来。

　　首先，他给白鼠注射结核物质，使其染病，然后试图从患病动物的结核结节中找到致病细菌，按部就班地提取、染色、在显微镜下观测……科赫已经接受了新的染色法。"如果使用正确的染色剂，或者更确切地说，正确的化学反应剂，原先那些看不见的物质一下子就变得显而易见了，想忽视都不可能。"[1]1880年，汉森[2]寄给他一个皮肤结节，他从中成功染色了麻风杆菌。自从埃尔利希向他推荐这种方法以来，科赫就先后用亚甲蓝和苯胺棕作为染色剂。

　　令科赫大为惊讶的是，结核菌大量地呈现为蓝色。他根据自己的观察进行推断，认为是氨水使染色剂渗入了细菌。有了颜色以后，科赫就可以进行精确描绘了。"结核菌的细胞壁似乎含有特殊物质，只有碱性染色剂、苯胺染色剂或类似物质才能渗入。根据我的技术观察到的结核菌有几个特点，它们形似棍子，因此属于杆菌。它们非常细小，通常只有红细胞直径的1/4到1/2大小，但有时也能长到和红血球[3]直

---

[1]　沙德瓦尔德·H.，《科赫杆菌的发现史》，载于《医学科学历史简报》，1982年，第16卷，第4期。

[2]　格哈德·亨里克·阿莫尔·汉森（1841—1912），挪威医生，1873年发现了麻风病的致病菌麻风杆菌（*Mycobacterium leprae*）。

[3]　红细胞的另一种说法。

径一样大。奇怪的是，它们的形态和大小很像麻风杆菌①。"

两个月后，保罗·埃尔利希证明了科赫杆菌的耐酸性以及品红染色性，科赫本人也在威斯巴登大会上说明了这一点。时至今日，人们还用品红来鉴别结核杆菌。

结核杆菌存在于所有结核组织里。科赫继续说明，"根据我的细致观察，我认为可以证明，人类或动物的结核病菌中，都有一种被我命名为'结核杆菌'的细菌，它具有与其他微生物截然不同的特点。"

但还需要证明这种细菌是导致结核病发生的罪魁祸首，因此需要培养它，并把培养物注入健康动物体内。可结核杆菌是很狡猾的，不仅个头小，而且很难培养成功。它很懒，繁殖很慢，对周围空气很敏感，只有在35℃左右才会生长。由于明胶在37℃就会液化，因此用它做固体培养基是不行的。科赫想尽了办法，终于用凝固血清的固体培养基分离出了菌落。②他又尝试了很多次，终于用铂丝③把菌落移植到了新鲜的液体培养基里。这些纯培养在注入白鼠体内四周后导致了结核。至此，科赫终于可以宣称："在结核组织中发现的细菌不仅是在病情发展过程中出现的，它更是导致结核病

---

① 科赫·R.，同前。科赫是对的：麻风杆菌和结核杆菌同属于分支杆菌。

② 前面提到的琼脂要到第二年才开始使用。尽管如此，在琼脂出现之后，科赫仍然选择用凝固血清来保存结核杆菌。

③ 铂丝，因性质稳定，是细菌学家的基本工具。每次使用之前都要在火焰上消毒，细菌学家们用它来提取菌落中的几个细菌，植入液体或固体的培养基中。

的元凶。"

这就是1882年3月24日，柏林生理学会的听众们有幸见证的伟大发现。众人在崇敬中静默着，保罗·埃尔利希将永远记得这一晚，"（他的）科学生涯中最重要的经历"。热情与好奇取代了惊讶。科赫在一张桌子上放置了实验过程中制作的200个染色培养标本，以及动物在被注入纯培养液后，（散布在各个器官上的）肉眼可见的粟粒性结核组织。

选择柏林生理学会这样一个小范围的、简陋的环境来宣布如此重大的发现，不免让人觉得奇怪。久负盛名的柏林医学会应该是更好的舞台。不过那儿是鲁道夫·菲尔绍的天下。作为形态组织学的拥护者，他一向对细菌学嗤之以鼻。诸位应该还记得他是怎么嘲笑炭疽病研究的。不过，在科赫发表成果的第二天，菲尔绍赶来看了留在现场的那些标本，一言不发地走了……但在日后关于结核的讲座中，菲尔绍承认科赫"所谓的结核杆菌"，说他"掌握了关于结核的一些内容"。我们可以认为他已被说服，只是嘴硬而已。

科赫的介绍于4月10日发表在德国《柏林临床周刊》上，12天后，廷德尔翻译的英文版发表在《伦敦时报》，接着是《纽约时报》。其编者按表达了这一发现给人类带来的巨大希望，全世界都是同样的想法：现在只要用巴斯德的减毒技术，结核疫苗的问世就指日可待了！所有人都为这一发现而兴奋。[1]科赫成了大名人。

在关于结核杆菌的文章里，科赫指出，他的老师雅各布·亨勒（1809—1885）在他1840年发表的著作《病理学研究》中，认为需要满足四个条件，才能说明一种微生物能真正致病：（1）将该微生物从患病组织中分离；（2）得到其纯培养；（3）用该纯培养能够复制疾病；（4）从试验发病的宿主身上再次分离出该微生物。由于亨勒只是提出观点，但没有付诸实践，而科赫无论在结核杆菌还是炭疽杆菌的发现中都遵循了这些标准，所以从此以后这四点就成了"科赫法则"。科赫法则进一步提高了科赫的名声，但这一称谓其实是有争议的。我们之后会看到，埃德温·克莱伯早有此说，亨勒也一样，巴斯德也在研究炭疽病时实践过，勒夫勒在1883年关于白喉的研究中，不仅实践了，而且全部写进了发表的论文里，而科赫直到1884年才给出了清晰的表述！[2]

文章最后，科赫提出人结核杆菌和牛结核杆菌有极大的相似性，对此需要警醒，以避免通过食用牛肉和牛奶而被感染。日后他还提到两种杆菌，但持相反观点，这将给他带来不少麻烦。

而此时，科赫正攀向个人荣誉的顶峰。1882年6月，他被

---

① 我们没有找到巴斯德对此的反应，尽管蒂利埃或其他助手已经告诉他这件事。

② 科赫法则在许多情况下是无效的，比如麻风杆菌无法培养，还有我们之后将看到的霍乱，不存在动物模型，即没有动物对微生物敏感，而从伦理角度来说又不能用人做实验。

任命为德国皇帝威廉一世皇家政府的私人顾问。伴随这个头衔到来的还有收入的上涨、科研经费的增加和助手的增多。1883年5月，第一届卫生展在柏林举行，来自世界各地的细菌学家济济一堂，对他极尽赞美。在写给女儿的信[①]中，他为王室成员也对他的研究感兴趣而兴奋不已：

我最亲爱的楚蒂：

我想给你写信很久了，尤其是想感谢你在上一封信里寄来的美丽花朵，但是最近半个月来，我忙于卫生展，根本抽不出时间……开幕式那天天气棒极了，仪式由王子亲自主持，获得了圆满成功……我们展台前来了许多人，观看了我们对危险细菌和无害细菌的介绍，试用了我们的显微摄影和仪器。我甚至有幸向王子本人、巴登大公、萨克森国王和王后以及其他王室成员解释了细菌。……

你的爸爸

他在信末写道，对许多人而言，他的名字成了细菌学的代名词！他已达成了不朽功勋！然而尽管如此，他也忘不了他的法国对手巴斯德。两人之间的战争在1882年8月的日内瓦大会上正式打响。

[①] 《罗伯特·科赫的私人信件》，载于《德国医学周刊》，1911年，第37期，第1443页。莫雷尔斯·B.，《罗伯特·科赫：人格与事业（1843—1910）》，第137页。布洛克·T.D.，《罗伯特·科赫：医学和细菌学的一生》，第138—139页。

第十一章

冲　突

　　科赫发现日后以他的名字命名的结核杆菌后不久，就受邀参加于1882年9月5日到9日在日内瓦举行的第四届国际卫生学和人口学大会。

　　巴斯德也收到了邀请。此时他正按照每年8月的惯例，在阿尔布瓦度假，忙于监督家族房子的翻新工作。邀请函一来，假期安排就立刻改变了。因为他要在会上作一个"关于病菌减毒的报告"，而时间已所剩不多。8月29日他写信给布雷："我可能要改稿改到最后一分钟了，而且如果情况允许，我想借此机会反驳科赫的批评，在这件事上我还没发过声呢！"他当然会抓住这次机会，虽然从没发过声，但他想得并不少。他关起门来，洋洋洒洒写就长篇大论，其中很大一部分用来粉碎科赫对他的否定。家里人可别想拿每天下午5点的散步仪式来打扰他！

　　日内瓦。1882年9月9日出版的《伏尔泰报》上，记者

A.布鲁诺评论："周日和周一的火车载着大约350名到400名知名学者及医师来到了日内瓦。"来自欧洲各地和美国的人们，一齐涌向市政府举办的华丽招待会。"看到这么多学者西装革履，或者佩戴着各色勋章，日内瓦人看得都出神了。事实上，参会者当中估计只有不到50人没有佩戴这一装饰品。老天啊，这么多勋章！日内瓦从没一下子见过这么多国家的这么多勋章。"但每个人都"急切等待着明天的大会，因为巴斯德先生和科赫博士会出场。这是大会头两天的最大看点"。

巴斯德在大会开始前一天抵达，太太玛丽作陪，同行的还有勒内·瓦莱里-拉多、阿德里安·卢瓦尔和路易·蒂利埃。他们下榻贝尔格大道的贝尔格酒店。科赫也住在这家酒店，而且巴斯德一家在餐厅见过他。他们擦肩而过，有没有打招呼呢？5日上午，对巴斯德来说是"洗澡、梳头、理胡子、修脚和旅游"的时光，然后他换好衣服，参加下午2点开始的大会开幕式。

就让同一位记者给我们描述一下当时的场景吧："大学的礼堂爆满。2点以前的很长一段时间，每次只要门一开，溜进一个听众，大厅里那些中饭塞得太快、吃得满脸通红的人就脸色发绿。巴斯德先生走向讲坛，听众报以热烈的掌声。无需再赘述这位大学问家的长相了。他发言的主题是'病菌的减毒'。对此他早已成竹在胸，语气既有技术人员的平和清醒，又有艺术家的热情洋溢。听众们跟随演讲者一起，进入科学研究的细节，目睹他对抗鸡霍乱、为家禽注入减毒菌株，然后又从炭疽病的魔爪下拯救数以万计的牛羊……这无异于一次激动人心的科学之旅。"

他通过实验展示了无可辩驳的研究成果[1]，这无疑是在向否认细菌有任何变化的科赫发出质询。

"毋庸置疑的是，我们掌握了一种普遍意义上的减毒方法……基本原则已经找到，我们无法否认，科学研究的未来蕴含着更大的希望。"科赫及其朋友李希泰姆教授坐在前排，正对着演讲者。科赫戴着金边眼镜，无动于衷地听着。武器已准备就绪，进攻打响了。

"然而，尽管真相已如此明显，它有时却不那么容易被接受。我在法国和其他国家都遇到过固执的反对者。请允许我指出这些人里个人成就最引人注目的那位，我指的是柏林的科赫博士。一年前，柏林的《德国皇家卫生局研究文集》刊登了一篇文章，我的研究成果受到科赫博士及其学生的激烈批评。我们在这本文集的若干文章里找到了令人惊讶的内容。"这些文章影射巴斯德根本不懂如何进行细菌的纯培养；说他不知道如何分辨微生物，因此也就无法判断结论的错误根源；更指他带领着整个学派发表"令人难以置信的内容……"

记者写道："巴斯德先生打击他的对手科赫博士……整

---

[1] 巴斯德、张伯伦、鲁、蒂利埃，《论病菌的减毒》，载于《第四届国际卫生学和人口学大会》，日内瓦，1882年，第1卷，第127—149页。同时可见巴斯德·L.，《著作全集》，第6卷，第391—411页。

个大厅愈发沉默，人们听得到自己的心跳。"

巴斯德说："科赫博士的学生们比老师走得更远。比如，他们在文章里写道，唯一保证培养纯度的方法就是通过显微镜不断观测，'这在巴斯德的培养里是不可能实现的'。还有更过头的：关于病菌减毒。勒夫勒先生说：'在加夫基的实验里，当培养出现不确定行为——病菌减毒——时，其实这只是一些非常相似的微生物在快速增殖以后造成的变化，但这些微生物并不是病原性的。'勒夫勒要比他的老师科赫和他的同事加夫基宽容些，他赏脸说打算相信我的培养是纯培养。但大家知道他认为我犯了什么错吗？他认为我的培养在接种时混进了其他微生物。他说：'实验室多年来用于细菌研究，空气中充满了各种各样的微生物。说不定其中某个微生物恰好停在注射用的针头上，继而进入了烧瓶，而且为了检测病菌的毒性，必须做好多次注射实验，这样一来，混入其他微生物的可能性就更大了。'这就是作者认为我在鸡霍乱减毒研究上犯的错误。这还没完：对我来说是接种之后幸存的母鸡，对作者来说，他觉得我可能只是找来一些具备抗体的鸡而已。最后，作者不相信我在80只鸡身上做了实验，因为那样花费太多了。这倒是真的，为了研究病菌的减毒性，国家让我不计成本。也许今天在这个大会上，还有几个人和我的反对者们有同样的想法，那我欢迎他们上台来讲讲。"

科赫走上讲坛，神情倦怠地宣布："当我从大会议程上得知，巴斯德先生今天会谈病菌的减毒时，我是很希望能就这个我自己也极其感兴趣的话题听到一些新内容的。但此刻我必须承认，我的希望落空了，巴斯德先生的发言没有任何新意。我觉得此时回应他对我的攻击是没有意义的，理由有两个：首先，因为我们的争议点只能说间接地与卫生学领域有关；其次，因为我不懂法语，而巴斯德先生不懂德语，我们俩无法进行有效的对话。因此我决定日后通过医学杂志正式回应巴斯德先生。"①

这番回避让巴斯德和公众都很失望。因为巴斯德讲话期间，科赫曾表现得异常激动，几次三番不耐烦地站起来想要打断发言，令巴斯德惊讶继而生气。大会其他人面对这些举动也惊愕不已。直到1925年，通过一位与会者的证言②，我们才明白科赫为何有此态度。巴斯德在讲话中数次提到"德国文集"，科赫和李希泰姆都理解为"德国的傲慢"！科赫觉得被冒犯，因此试图反驳。李希泰姆则在第二天回到伯尔尼后，"有点羞愧地讲述了他们的误解，以及前一天愤怒而笨拙的举动。"

正如科赫所说，他与巴斯德之间语言不通，无法"有效

---

① 载于《第四届国际卫生学和人口学大会》，日内瓦，1882年，第1卷，145页。见莫雷尔斯·B.，《罗伯特·科赫：人格与事业（1843—1910）》，第135和467页。莫雷尔斯说，科赫认为他用平静的发言回应了愤怒的巴斯德，自认不想引起冲突对立，但从政治层面上却无法避免，因为他不想让德国政府认为自己退缩怕事。

② C.胡埃尔1925年9月20日写给鲁博士的信和文件，《向真相致敬》，巴斯德研究院档案。

交流"，也无法像巴斯德希望的那样"友善讨论"，而这只
会加剧他们之间的对立。

科赫之所以回避讨论，恐怕也是意识到自己在巴斯德那
儿占不了上风吧！他面对的可是一个久经考验、和反对者无
数次唇枪舌剑的辩论家。巴斯德是个非凡的演说家，特别是
在法兰西学术院，曾多次击溃对手，赢得经久不息的掌声。
科赫则相反，不善于在公众场合发言。他讲话犹豫，时有含
混，喜欢用文字表达。

在巴斯德发表的日内瓦大会发言稿上，我们能看到一
篇长达7页的"附注"，逐条反驳了科赫及其学生对减毒和
疫苗、对败血症和蚯蚓作用的批评。他的结论是："综上所
述，1881年'德国文集'中科赫博士及其学生的批评没有一
条是站得住脚的。相反，它们表明了批评者的许多错误和经
验匮乏。"

巴斯德虽然对科赫的逃避感到失望，但也不是不高兴
的，他觉得自己已经打败对手了。1882年9月8日，他写给忠
实的合作者鲁："我就不跟您说日内瓦的事了，蒂利埃会告
诉您的。一切顺利，科赫显得荒谬而可笑。"

9月17日，他写信给儿子："你看《时代》了吗？……最
近有一篇文章，我想是13日那天的，或者是14日的……关于
日内瓦大会，文章基本还原了那天的情景，我发了言，回应
了科赫博士之前的批评，他本人也在现场，本该回击的，但
他逃避了。一切光荣都属于法国。这正是我所希望的。"

日内瓦大会上的不和在9月12日由《柏林日报》公之于

众，科赫的反击势在必行。3个月后，一本小册子出版，名为
《关于炭疽疫苗：回应日内瓦巴斯德的发言》，作者是R.科
赫博士，政府的私人顾问。[①]这本册子火药味十足，攻击之
猛烈到达了顶点："我当时以为肯定能了解一些关于炭疽杆
菌减毒技术的新内容……但大会上什么都没听到。他只谈了
一些关于鸡霍乱的新发现和狂犬病的细节。关于炭疽病，我
们听到的就是给几千只动物接种了疫苗后得到的毫无意义的
结果……一切都是为了猛烈抨击我……巴斯德先生之所以招
致批评，并不仅仅因为其方法的缺陷，也因为他发表研究成
果的方式。巴斯德先生沾沾自喜于那些概括的话语，但这些
话对事物本身没有意义。在科学里，起决定作用的是事实，
而不是精心雕饰的漂亮话……"他戳心戳肺地批评巴斯德本
人："巴斯德甚至都不是医生，我们不能指望他能弄明白病
理过程和疾病症状……巴斯德先生的战术是，只讲对他有利
的实验，而不提对他不利的事实。"最后他尖刻地收尾：
"尽管日内瓦大会赞美巴斯德是琴纳第二，但大会成员应该
记得，琴纳拯救的可不是羊，而是人。"但也是在这同一本
小册子里，科赫向巴斯德的发现——病菌可以逐代减毒而不
更改其形态特性——表达了敬意。

　　科赫的语气意味深长。在日内瓦大会上，巴斯德获得
了所有的荣誉和所有的掌声，而他——科赫，发现了炭疽杆

[①] 科赫·R.，《关于炭疽疫苗：回应日内瓦巴斯德的发言》，莱比锡，格奥尔
　格·蒂梅出版社，1882年。

菌的致病性，发现了结核杆菌，却没有得到同样的礼遇。这让科赫耿耿于怀。被笼罩在巴斯德的阴影下，让科赫难以忍受。

这本册子言辞之激烈让巴斯德大为愤怒："我会把我想的都说出来。"他要给这个傲慢的年轻人好好上一课，而这位大师的风格我们早已领教过了。[①]他立刻在1882年圣诞节写信反击，这封公开信发表在次年1月20日的《科学评论》上。[②]一开头就擂响了战鼓："您说我在日内瓦大会上没有提供任何新发现。是真的吗？先生！通过氧气接触获得减毒菌株的普遍性方法，新微生物的发现，根据其不同特性探索不同的减毒条件，这些对您来说都不算新内容？！"接着，他提起了炭疽病原体究竟是由谁发现的这个敏感问题。

巴斯德先是引用了一段他1877年4月30日写的文字，其中他提到科赫关于芽孢的"杰出论文"："您看，先生，作为最早的发现者之一，我承认您对炭疽芽孢的重大发现和芽孢对炭疽病原学的意义。不过，如果您愿意看看我的《论蚕病》第1卷第168页、第228页和第256页，您会发现，是我率先从一个致病菌中发现了芽孢的形成，我还描述和画出了这

---

① 1880年11月12日，在给欧内斯特·勒古韦的信中，巴斯德承认："如果有人当着我的面对我的工作愚蠢地指手画脚，我会立刻从平静的外壳里跳出来，就像被封印在瓶子里的魔鬼，瓶盖一打开，就全副武装地出现了。"

② 《炭疽疫苗接种：巴斯德先生回应科赫先生的论文》，信前附上了法语翻译的科赫论文。公开信于1883年发表在巴黎巴耶尔出版社印制的一本册子上。

种细菌，指出了芽孢的形成过程和周围丝状体的逐渐消失，最后指出，这些芽孢或小囊肿可以在若干年后复活更新。"

"先生，为什么您要向您第一篇论文的读者隐瞒这一点？您会不会说是因为不知道我在1869年至1870年间出版了关于蚕病的著作？这个说法没有意义，在科学界，没有人不知道这一项新发现；而自从1877年以来，您有那么多次机会提及此事！您固执地不置一词，是不想承认，您关于炭疽杆菌的研究虽有价值，却只是在实践我先前建立的原则而已。"

为避免"鲁莽的错误"，接下来，巴斯德花了整整20页回顾他的研究，重申："自古以来，所有人，尤其是从医的人，认为有两个重要的自然现象之间存在必然联系：那就是疾病或者发热和发酵现象之间的关系。"然而，是巴斯德证明了发酵是由微生物造成的。他提到了和另一个德国人李比希之间的冲突，随后带点调侃地写道："请原谅我稍微离题一下。当我回顾自己1856年至1876年的研究时，这段漫长的时间里您还没有在科学界出现呢！您最早的文章是在1876年发表的，而那一年我的主要工作是分离出纯培养的微生物并使其在合适的培养基里存活。这么看来，您指责我对纯培养一无所知，不是显得太草率了吗？"他还指出了自己对达维恩和李斯特的启发作用。

最后，巴斯德强调，即便在科赫的发现之后，学界对传染病的微生物致病说仍然有不少反对的声音。他举了著名生理学家保罗·贝尔在1877年1月13日的一个报告为例，报告认为，用压缩氧气的方式摧毁血液中的所有细菌后，该血液仍有能力传播炭疽病。保罗·贝尔的结论是："因此，炭疽杆菌既不是炭疽病的原因，也不是它的必然结果。"巴斯德据此推断，科学界并没有被科赫的发现说服，于是宣布："我在这时决意进入该领域，进入这个已经被许多前人研究过的炭疽病领域。"

通过这一段尖刻的批评，巴斯德再次明确了两件事：一、是他通过发酵研究奠定了微生物理论的基础，包括微生物对传染病的作用；二、科赫关于炭疽病原学的工作不够有说服力，所以需要由他来提供决定性的证据。文章的结论比较缓和，但也异常明确："总而言之，先生，让我们搁置您那些不准确的引用和判断，从您的小册子中只需要记住一件事：即便您之前不接受，现在也必须承认病菌减毒这一发现……目前，根据这一理论进行的实践只进行了一年，就已获得了可观的成果，批评和反对都不能阻止其发展。您的攻击不管多么猛烈，都不可能影响它的成功。我充满信心地等待着减毒法为人类与疾病的对抗带来美好的结果。"他认为这是具有决定性的技术。

我们看到，自1882年年底和1883年年初起，两位学者之间交锋激烈。假如忽略此间的爱国和民族情感因素，那么剩下的就是一种典型模式：每个人都指责对方不承认自己的重要贡献。巴斯德怨恨科赫，因为后者不承认是他第一个发现了细菌芽孢。科赫怨恨巴斯德，因为后者没有在伦敦大会上指出他在炭疽杆菌致病性研究上的成果。科赫开发出了固体培养基，由此获得了纯培养，他指责巴斯德不能获得纯培养；巴斯德当然不能接受，因为早在1857年科赫只有14岁时，他就已经获得过微生物的第一个纯培养了。

接下去整整5年，两人似乎退避在现状中，直到矛盾再一次死灰复燃。导火线是1887年5月29日巴斯德写了封信给维也纳的皇家医生学会，信中（一厢情愿地？）写道："很久以前柏林学派的批评已经被事实驳倒，他们已经改变了想法。"科赫不答应了，他在1887年8月的《医学周报》上断然辟谣。他说，几年前他对炭疽疫苗接种的看法就是：对感染的保护措施不够，效果持续时间短，因此作用存疑，巴斯德自己公布的数据也一样存疑，"谁能保证这些数字的准确性？这些数据是谁采集的？怎么采集的？任何一个负责医学统计的人都会问出同样的问题[1]，并做出自己的判断"。

巴斯德随后在《医学周报》上回复："结果表明，科赫先生只需要一样东西就能相信炭疽疫苗的有效性，那就是他提到的数据的准确性。这好办！下个月即将在维也纳举行的大会是一个好机会。科赫先生及其他想了解情况的人，将可以读到所有兽医的报告，我们也可以讨论接种预防这一方法。"巴斯德本人没有去奥地利。1887年8月9日，他写信给格朗谢博士："张伯伦……会去维也纳大会……面对德国人

---

[1] 炭疽疫苗的接种在德国推广很慢。1887年，奴卡在12月15日发表的《兽医学评论》的专栏里写道："德国人似乎不知道炭疽疫苗接种的好处，至少卫生部的官方报告是不承认这一点的，它们只记录某些省份因为炭疽病造成了巨大的损失，但就是对疫苗接种避而不谈。"

和他们的仇恨。"

　　巴斯德和科赫两人一边就炭疽病问题用文章"友好交流"，一边各自研究着其他主题。科赫继续改进对结核杆菌的描述，巴斯德则从1881年年初就开始钻研狂犬病及其疫苗。但在1883年年初，两人都被迫暂停手中的工作：埃及爆发了霍乱。他们竞争的舞台又一次搭好了。

第十二章

为科学献身

"埃及爆发了霍乱。"1883年7月11日，巴斯德对卫生咨询委员会说。这就像宣布一场战争爆发一样，唯一的答案是：全体动员。"整个欧洲大陆的所有国家都忙于研究策略，以避免疾病的扩散。"有些国家派出了救援团。于是，巴斯德率领的法国人和科赫领导的德国人，又要在埃及的国土上相遇了。这对德国人来说是一次胜利的远征，而对法国人来说则以悲剧收尾。

与另一个人人闻之色变的疾病——鼠疫不同，霍乱直到19世纪初才离开发源地印度，传播到欧洲。当时除了一些旅行者的游记外，欧洲没人亲历过这种病。霍乱的传播主要依靠人的移动。所有集体的迁移行为都利于其扩散：商队、军队、殖民统治、朝圣……随着交通运输模式的进步和速度的提升，霍乱也传播得越来越远、越来越快。它向西方的传播有明显的几波浪潮，每次都来势汹汹，势如闪电。

第一次大规模霍乱爆发是在1817年至1823年，很大一部分原因是英国人进攻印度和中东，继之以商业入侵。这一次霍乱范围直达俄国边境的里海地区。第二次大爆发是不久以后的1826年到1837年。巴黎在1832年遭遇惨重结果：945698名居民（当时巴黎总人口）中死了18402人，死亡率达19‰。全法国有超过10万人死亡。随着铁路和蒸汽轮船的发展，第三次大爆发（1841—1859）和第四次大爆发（1863—1875）紧随其后。克里米亚战争（1853—1856）和苏伊士运河的开凿（1859—1869）也促成了霍乱的传播。

不管在亚洲还是欧洲，霍乱病人都呈现出同样可怕的症状：大量腹泻，由无法抑制的呕吐造成的脱水和干渴，极度虚弱伴随脉搏消失，四肢冰凉，痉挛。死后皮肤呈蓝绿色，更加剧了恐怖感。病情发展之快，能在几小时内使成年人丧生，这既让人疑惑，又让人恐慌。

第一次霍乱大爆发让医生和权力部门措手不及。人们对其来源和病因莫衷一是。有些人，像弗朗索瓦·马让迪（1783—1855），不相信霍乱会传染；有些人，像弗朗索瓦·布鲁塞（1772—1838），则认为霍乱只是一种"炎症"。医生们提出的各种治疗手段，要不就风险大于益处，要不就反而增加了脱水程度。

然而自1832年起，就有阿尔比的药剂师利姆赞–拉莫特和马赛的医生罗伯特，先后用显微镜在饮用水和病人粪便中观察到了微生物。1848年，菲尔绍在霍乱病人的粪便中观察到许多弧菌，但他没有做出任何推论。菲利普·帕齐尼是第一个在1854年至1855年细致描绘这种微生物的人，也是第一个在1879年明确提出其致病性的人。然而因为这一结论不符合当时意大利盛行的疫气理论，所以过了好多年都无人问津。

至于水在传播中起的作用，1830年起就有人提出了假设。1854年，霍乱肆虐伦敦，苏豪区死了许多人，英国医生约翰·斯诺认为水在其中起了至关重要的作用。他仔细查看了该区地图，发现所有被感染的家庭都在布罗德街的同一个公共泉水处取用饮用水。他让人把该处的水泵关掉，几天后，患病人数就大量减少了。

但即便如此，水传播的假设在当时仍颇受争议，特别是人们当时还不知道这种病是微生物引起的。

1865年，霍乱抵达马赛，并在10月份造成巴黎200人死亡。巴斯德、克劳德·贝纳德和圣克莱德维尔制造了一种复杂仪器，提取拉里布瓦西埃医院的霍乱病诊室里的空气。他们想通过这种方法表明病源是一种微生物。但这一尝试以失败告终，空气不运送微生物。

1883年6月中旬，霍乱疫情在埃及达姆亚特一年一度的农展会期间爆发。人们怀疑疾病是去麦加朝圣的人带回来的。当地的英国人不当回事，因此阻碍了及时进行隔离等卫生措施。这种不负责任的态度无异于犯罪，很快整个三角洲地区都被波及了。7月14日，开罗暴发疫情，到22日为止，霍乱每天杀死500人。亚历山大港危在旦夕。

7月11日，从达姆亚特收到警报以后，巴斯德就说："自从上一次霍乱疫情以来，科学已取得了若干传染病病原学方面的进步。或有必要把这些新成果应用在对抗霍乱上。"[1]卫生咨询委员会也有同感,同意了他的建议,任命他组织一支队伍,召集他手下年轻的研究员们,他们在微生物观测和传染病研究方面已经训练有素,其"学识和奉献精神值得信任"。巴斯德建议以下人选:他实验室的助手鲁和蒂利埃,医生兼医学院老师施特劳斯博士,阿尔福国立兽医学校的病理学教授努卡。巴斯德继续说:"我们当务之急,是探寻这种疾病的病因。然而根据目前掌握的知识,我们必须非常注意血液里或某个器官里是否存在一种极细小的微生物,其性质和特性能解释霍乱的全部临床特征和传播特点。要是这种微生物真的存在,不仅能帮我们找到防治该病的手段,或许还能帮我们找到新的治疗法。"这就是巴斯德的科研计划。

　　巴斯德心里最大的担忧,是要保护他的全体队员免受传染。所有人动身时都携带了一本预防指南:其中包括详细拟定的9条必须严格遵守的卫生措施[2]。

　　一切都准备好了?除了一样东西:钱。卫生部提出了一个5万法郎的借款提案……但议会迟迟不批复。7月31日,巴斯德怀着担忧和爱国主义情感告诉部长:"我告诉他们(队员们)要做好随时动身的准备。这件事很紧急——其他国家

---

① 《法国公共卫生咨询委员会工作文集》,1883年7月11日会议,第13卷,第206—207页,及1883年7月26日写给《伏尔泰报》的信。参见巴斯德·L.,《著作全集》,第6卷,第539—541页。

② 《卫生评论》,1883年,第5卷,第698—699页。参见巴斯德·L.,《著作全集》,第6卷,第541—542页。

的科考队已经上路……等到一切尘埃落定再去就太晚了，这是关乎法国利益和荣誉的问题。"议会最终批准了借款。这回真的万事俱备了，可是行政部门的把戏又拖延了行程，况且还有几个医生在背后搞了点阴谋诡计，把努卡换成了一个卫生医生，马埃先生……巴斯德"极其在乎"努卡，因为整个科研计划少不了他。这个决定让巴斯德火冒三丈，他向贸易部部长陈述了不能换人的理由，而他也一如既往地说服了别人。终于，8月7日，科考队从巴黎出发，9日，从马赛出发。8月13日，巴斯德从阿尔布瓦写信给朋友马尔库："你已经知道，政府听从我的建议，派了4个人……其他国家也立刻仿效。这第一次派团是仓促决定的，我希望日后能有其他远征，去征服鼠疫、黄热病和动物的瘟疫。"①巴斯德的科考队于8月15日到达亚历山大港。这里的死亡率尚不及开罗那么可怕，但每天也有40至50人死去。法国团在欧洲医院主治医生阿尔都瓦的部门工作，可以拥有最佳的尸体剖验条件。

在法国，是巴斯德主动提议派科考队前往埃及，但在德国，是政府任命科赫带队前往。德国考察队由科赫、科赫的助手加夫基和费舍尔、皇家卫生局的化学家特雷斯科组成。队伍做好了完全的准备，需带物资罗列详尽，令人赞叹。8月16日科考队离开柏林，24日抵达亚历山大港。

---

① 这一次医生和科学家前往流行疾病所在地的考察是一大创举，日后形成了这样一种惯例，即如果有大型流行疾病在某地暴发，世界卫生组织就会派出科考队前往。

大家的目标是一致的，但行动上各自为政。巴斯德的队伍在欧洲医院工作，科赫的队伍则驻扎在希腊医院，大多数霍乱病人都被送到那儿去。

法国这边，鲁负责带队，除了人手一本的预防指南，他口袋里还装着老师关于本次科考的全部指令，事无巨细小到住所和厨师的选择。巴斯德在指令最后附了一条有意思的提示："我非常希望在埃及期间，施特劳斯、努卡、鲁和蒂利埃能仔细阅读我关于蚕病研究的两卷书。霍乱应该和斑点病、软化病有异曲同工之妙。"巴斯德的预见是正确的，因为后来人们发现，霍乱和软化病一样都是粪口传播。

所有的队员都一板一眼遵循导师教诲，他们在血液和粪便里寻找致病菌，培养细菌，给动物注射以复制疾病……巴斯德从7月初就待在阿尔布瓦，远程跟进全部科考结果。施特劳斯发来一封电报，让他欣喜若狂：他们认为从霍乱病人的血液中成功地发现了一种厌氧微生物。可下一封电报又打碎了全部希望：他们没能通过培养将霍乱转移到动物身上。他们研究了24具尸体，一无所获，病原体跟他们玩起了捉迷藏。然后，疫情突然消失了。他们又待了一阵子，确保疫情不再发生，在等待回法国期间顺便研究一下牛瘟。

突然，9月19日，传来了让人目瞪口呆的消息！疫情正在消失，但路易·蒂利埃却在此时不幸死于霍乱，年仅26岁。鲁发来一封电报，巴斯德悲痛欲绝："科学界失去了它最勇敢的代表和最光明的希望——蒂利埃。我失去了一位可爱而忠诚的弟子，我的实验室失去了关键的支柱。"几天以后，鲁跟巴斯德讲述了悲剧发生的经过[①]："您想必已通过电报得知了这个不幸的消息。这对我们而言不啻于晴天霹雳。14日星期五，蒂利埃和努卡去了坦塔，观察一次牛瘟的尸体解剖。他们周六回来。17日星期一，他们去了动物检疫站和屠宰场，采集牛血。蒂利埃早上大便了一次，他整天都很高兴，还在海里游了泳，晚上我们一起开车兜风。晚饭时他胃口很好，大概10：30上床睡觉，很快就入睡了。凌晨3点，他去上了一趟卫生间，觉得很不舒服，走进我房间叫道：'鲁，我感觉很不好。'然后就倒在了地上。我和施特劳斯把抬到床上：他面色苍白，流了很多汗，手冰凉。我们起初以为是消化不良，他很快就能起来了，服了点鸦片，然后睡着了。

"我睡在他房间的沙发上。早上5点，他有一次很厉害的腹泻。我扶他躺下；他把昨晚吃的晚饭全都吐了出来，然后他好像好点了，服了点鸦片，又睡着了。到7点，他看起来更糟糕了，抱怨着说很冷。他又拉稀了一次，施特劳斯和我得扶住他才行，他已经不省人事。从那时开始，病情进展非常快。我们给他服了最强力的药也没有用，到8点时他看上去就像快死了。大腿和小腿痉挛、横膈膜痉挛，面部扭曲，非自主腹泻，最严重的霍乱症状他全都有。

[①] 9月30日，法国科考队的施特劳斯、努卡、鲁在法国驻埃及亚历山大港领事馆写信给巴斯德。参见巴斯德·瓦莱里–拉多汇编，《书信集》，巴黎，弗拉马里翁出版社，1940年，第3卷，第398页。

"从早上7点起，我们就开始给他擦身。所有法国医生和意大利医生都来了。我们用上了大量冰香槟，给他注射了乙醚。一切能做的都做了，一切。我们满怀信念要把他从死亡线上拉回来。他呼吸很痛苦，但因为擦身的缘故，体温没有下降①。近中午时情况略有好转，我们摸得到他的脉搏了。到下午2点，呼吸更艰难了，始终伴随非自主腹泻，脉搏消失。他的呼吸和血液循环全靠乙醚和香槟撑着：面部轮廓紧张，但表情并不很像霍乱病患者。

"我们竭尽全力，使他的弥留之际一直拖到19日星期三早上7点。最终病魔战胜了我们的守护，他还是因呼吸衰竭而去世。

"您有多悲伤，就必然能想见我们有多痛苦。所有法国侨民、所有医学机构都感到震惊。我们可怜的蒂利埃身后备极哀荣。

"他于周三下午4点下葬，受到了全亚历山大港长久以来最盛大庄严的哀礼。到场的代表中，德国科考队做了感人的致辞，语言之庄重简朴，让人闻之感动。

"科赫先生及其团队在消息传遍全城以后赶来了，用最动人的语言纪念亲爱的逝者。抬棺的时候，他们自己带来两个花环钉在了棺椁上。科赫先生说：'这只是两个不起眼的小花环，但它们是月桂；我们用它献给光荣的人。'

---

① 霍乱不伴随发烧。治疗其他传染病时，人们都希望体温降下来，而霍乱则恰恰相反。

"科赫先生举着棺木上国旗的一角。我们用防腐香料处理过亲爱的同事的遗体；他躺在锌皮棺椁中。手续已经完成，等规定期限一到，遗体就可以运回法国；埃及的期限是一年。

"法国侨民们想立一块碑纪念蒂利埃。

"先生，亲爱的老师，我们有那么多话想跟您说：关于这件悲伤的事情，还有许多笔墨要花费。这桩不幸让人费解。半个多月来，我们没有碰到一个霍乱病人。我们已经开始研究牛瘟了。

"在我们所有人里，蒂利埃是最小心仔细的，他的卫生防护措施无懈可击。

"我们团队的所有人想通过这封信向蒂利埃的家人表示安慰。

"这就是霍乱在它的疫情末期给我们的重大打击……此致敬礼。"

蒂利埃的家乡在亚眠，他出身寒微，家人为了供他在巴黎高师读书做出了许多牺牲，他以物理科学教师资格考试的第一名毕业。他是个聪明的学生，跟随巴斯德参加了狂犬病和炭疽病的研究，还发现了猪丹毒的致病菌。科学界失去了一位前途不可限量的年轻研究员。今天，在巴斯德研究院，我们还能看到一块铭牌，写着蒂利埃"为科学而献身"。

这个悲剧使法德两国的对手暂时忘记了对立，沉浸在共同的哀痛中。

第十三章
科赫的复仇

德国科考队到了以后，完成了什么任务呢？在显微解剖学上，科赫继续对肠组织进行研究。因为前一年，他收到从印度寄来的霍乱病人的肠组织，并在其中发现了大量略有弯曲、形如逗号的杆菌。

他的方向是正确的。他很快就发现，这种特别的逗号杆菌大量存在于肠内，但在血液、脾、肺、肝里都不见踪迹。

9月17日，距他到达埃及不到一个月，科赫给德国内务部部长发出第一份报告，称他在12位病人和10具尸体里找到了这种杆菌。但是，他还不能确定它就是致病菌，因为不管怎么努力，所有培养都失败了，没有一个动物在接种培养物后患病。原因他当时还不知道，其实动物对霍乱是有抗体的！

报告发出第二天，科赫得知了蒂利埃的死讯。

法国科考队启程回国，科赫却希望巩固他的发现，试图证明"逗号杆菌"是霍乱的病原体。可是疫情好转，能研究的个例减少了，只能去别处找。他想到了印度，那里经常流行霍乱，对他来说是继续研究、找到结论的理想之地。在等待德国政府的批准前，科赫跑遍了整个下埃及地区，一半是考察，一半是旅游。他把沿途见闻和艾米及女儿分享，跟她们讲述这个国家的特点。他在给艾米的信中说："晚上，我们常常去沙滩。我们骑着驴一路跑，后面跟着阿拉伯向导。到了惊涛拍岸的悬崖边，我们就拿出自带的酒食，在美丽的月光下尽情享用。我们还在湾区坐帆船出海。我们计划在开罗停留几天，看看金字塔和沙漠风光。"[1]他的确去了开罗，但在给女儿歌楚德的信中，他写道，这可不是一次悠闲的旅行。向导说服他坐在单峰驼背上去了金字塔墓区："这一路真心不舒服：骆驼走路摇摇晃晃，我不得不紧紧贴住才不被甩下来。就像风暴中的一条小船！所以我决定今后只骑马，我永远都坐不惯骆驼。"[2]

没有霍乱可研究的时候，巴斯德的团队专注于牛瘟，科赫却对流行病学研究和隔离措施的有效性更感兴趣，特别是临近西奈半岛的地区。这里的卫生防疫措施让人相当不舒服。当他从受感染地区回来时，图尔的隔离部门用亚硫酸的烟熏他……他在论杀菌消毒的文章里已经说过这种方法是没用的。他嘲讽地想：这种烟熏法要怎样才能进入他肠子里消

---

① 莫雷尔斯·B.，《罗伯特·科赫：人格与事业（1843—1910）》，第139页。布洛克·T.D.，《罗伯特·科赫：医学和细菌学的一生》，第151页。
② 威尔森·T.，《罗伯特·科赫（1843—1910）：科学的历险》，第46页。

灭细菌呢？在开往苏伊士的船上，所有舱壁都用海水和硫酸的混合液喷洒消毒过，唯独最可能有细菌的厕所却漏掉了。

10月中旬，科赫获得了内务部的许可，启程前往霍乱的发源地，恒河三角洲。1883年12月11日，他抵达加尔各答，这天正好是他40岁生日！他不是孤身一人，两位助手加夫基和费舍尔一直陪着他。特雷斯科则回了柏林。三人在医学院附属医院受到接待，他们感叹这里的工作条件堪称完美：流水、煤气、大批霍乱病例。他们很快投入工作，不停重复着解剖、显微镜观察和细菌生物分析的流程。三周紧张的工作以后，科赫写了第一封报告（1884年2月2日）给内务部部长，一纸捷报！[1] "我们可以确定，在霍乱病人肠内找到

1884年，科赫（右三）和同事们在疫区调查和救治霍乱，发现了霍乱弧菌及其传播方式

---

[1] 《皇家卫生局工作报告》，1887年，第21页。参见布洛克·T.D.，《罗伯特·科赫：医学和细菌学的一生》，第160页。

的杆菌就是致病菌。"他描述了这种细菌与其他细菌的不同之处："它不是笔直的棍子，而是略微弯曲，像个逗号。弯曲度比较大，使棍子变得接近半圆形。在纯培养下，它甚至可能呈现S形。它们非常灵活。"细菌是在明胶上培养出来的——后来加夫基解释，他们的运气很好，天气转冷，使明胶凝固了——而且有明显的行为特性。"菌落开始形成时都挤在一起，随着明胶液化，它们慢慢地四散开来。"他们又做了第二次实验，检查了17位病人，解剖了22具尸体，继续用显微镜观察和固体培养基培养。"最后，我们找到了，也只找到了'逗号杆菌'。"

但在美好的成绩之外，始终有个阴影挥之不去。科赫始终不能用纯培养让实验室的动物染病。他的"科赫法则"被撼动了。既然这条路行不通，他就转而研究流行病学，想弄清不同的传播模式。根据当时掌握的数据，水是最关键的传播源。在加尔各答，已有初步统计显示，独立饮用水的提供使死亡率从10‰降到3‰。科赫进行了实地走访，认可了这一结论。在孟加拉，每个村子都有一个公共蓄水池，所有人都来这儿取水饮用；遗憾的是，蓄水不是它唯一的作用，人们也会把它作为游泳池和洗衣池来用，于是病人和死者的衣物就这样感染了周边人群。科赫在被污染的水中发现了"逗号杆菌"，对其致病性有了明确证据。1884年3月4日，他的最后一封报告强调了水在疾病传播中的作用。这一点，我们前文说过，英国医生约翰·斯诺曾明确提出过，但科赫从未加以注释，他似乎不了解斯诺的研究。

不久以后，科赫将有机会再次确认霍乱的水源传播。
1892年8月，汉堡发生疫情，数周之内，统计了17000例病患
和2000多个死亡病例。科赫和他忠诚的助手加夫基被派往援
助。他们惊讶地发现：尽管汉堡疫情严重，但位于易北河沿
岸、汉堡下游的阿尔托纳却安然无恙。原来，汉堡上游的易
北河水，当地人认为是干净无污染的，未经过滤就直接取用
了；但是，易北河经过汉堡时，汉堡排水沟里的水必然也汇
入其中，河水就受到了污染，于是当地人设置了一种有效的
过滤系统，过滤了细菌。科赫发现，在汉堡下游、阿尔托
纳上游的易北河水中含有的霍乱弧菌，被这一净化系统拦住
了。这件事使德国政府对生活用水的细菌学分析与水净化系
统的设置和评估都制定了明确规则。日后，在这些原有规定
上，又增加了饮用水的氯化消毒规定。

印度之行达到目标，可以圆满结束了。何况不管是明
胶上的培养，还是此次行动的参与者，都快要受不了当地的
酷热天气了。科赫一行于4月4日回国，柏林热烈欢迎英雄凯
旋。现在，科赫除了在炭疽病上的先驱研究外，又发现了人
类最致命的两种疾病的病原体——结核和霍乱。等待他的
是各种接待、各种授勋仪式。威廉一世和俾斯麦首相亲自迎
接。科赫收到了皇帝的一尊半身像，他的助手也收到了一张
照片。在那个年代，随着荣誉而来的还有金钱上的奖励，这
能让长期捉襟见肘的艾米高兴好一阵子了。

也有些人对这种全国性的狂热不以为然，尤其是著名的
卫生学家、慕尼黑大学教授马克思·冯·佩滕科费尔，他坚

定地持"霍乱地源理论"，即环境理论，认为微生物不是唯一的致病原因，疾病主要是由环境条件催生。于是科赫在从加尔各答回国的路上，顺路拜访冯·佩滕科费尔，希望用印度的经历说服他。但是无功而返。这位"地源理论"的拥护者比谁都多疑固执，坚信自己的观点，否认水在疾病传播中的任何作用。若干年后（1892年），他试图挑战科赫的理论，当众喝下一杯被霍乱弧菌感染的水。让科赫大吃一惊的是，他只是肠胃稍微有点不适。这次经历……结果还算幸运，这使佩氏更加固守自己的观点，成了科赫最坚定的反对者[①]。

　　另外一位对霍乱弧菌的发现表示怀疑的，自然是巴斯德。我们的判断依据是，1884年6月，土伦暴发了从印度支那传来的霍乱，并且有向全法国蔓延的危险。鲁和施特劳斯被派往土伦，一同前往的还有一支医学院的代表团。

　　然而，罗伯特·科赫也被德国政府紧急派过来了！他看到当地对抗霍乱用的还是50年前的土办法，惊讶得目瞪口呆。人们在街上燃起火把以净化空气，在车站用硫化物喷剂给乘客消毒，但没有对限制感染源采取任何措施。于是，洗过霍乱病人衣物的水未经任何处理就直接排进了水沟。

──────────

① 我们经常忘记提及佩滕科费尔的一位助手，鲁道夫·埃梅里希，也同样喝下了霍乱菌培养物，染上了霍乱，但最后死里逃生。今天我们知道，不同的个体对同一病体的敏感度可以有极大差异，因此佩滕科费尔感染了霍乱弧菌却没什么症状。后来梅契尼科夫重演过类似实验，这不用大惊小怪，更何况霍乱弧菌对胃酸非常敏感。

在巴黎，科赫的到来一经周知，就听到了不少反对声，媒体的添油加醋使问题进一步激化。《新消息》在1884年7月5日转述了德国《柏林日报》的一篇文章，题为"科赫博士事件"，文章称"科赫应法国政府邀请才来到土伦。因为法国相关部门没有针对霍乱采取有效措施，法国政府非常倚重……科赫博士丰富的研究成果"。《新消息》对此大为愤慨，一边抨击《柏林日报》惯于捏造不实信息，一边斩钉截铁地宣称"法国政府不可能把任务交给普鲁士学者，不管这个学者多么有权威。法国有值得自豪的科学家，比如巴斯德先生和他的学派，法国有欧洲知名的医学院和首屈一指的医学会，完全不需要求助于德国学者，尤其这个领域是巴斯德先生潜心研究20年的微生物领域"。民族主义情绪一点就燃……

1884年7月7日，巴斯德写信给住在维多利亚酒店的鲁和施特劳斯，劈头盖脸下了一堆指令："我一直认为，K（科赫）和你们的最大区别是，他喜欢过早下论断，而你们则怀着科学精神更谨慎保守……研究一下他的推断过程的弱点在哪儿。他的实验制备和你们的制备在显微镜下有什么不同？他说在霍乱病人的粪便里观察到普通腹泻的粪便里没有的细菌，他是不是弄错了？是不是想象力过于丰富？"他嘱咐他们，一定要在研究时和德国人划清界限。这是出于谨慎的告诫，还是嫉妒？"尽量独自研究。守好你们的尸体样本。总而言之，不要被他牵着鼻子走，也不要去套近乎，不要把你们的制备物和培养物给他看。你们收到的电报，政府也收到了。围绕着这个男人的一些传闻，一切都显得很虚假，不符合他现阶段对霍乱的掌握情况。如果你们跟他搅和到一起去做实验，到时候他就会成为唯一指导你们的人。德国人在他们自己的报纸上已经吹嘘开了。"他建议他们读一读《柏林日报》上那篇小花絮，然后在信末，按照惯例，强烈建议他们观察一下他寄过去的几管子血。

所幸土伦的疫情停留在小范围内，并很快就结束了，可争议并未随之消散。

尽管巴斯德当时的主要精力都在狂犬病上，但他并未忘记霍乱。他跟巴西帝国皇帝佩德罗二世一直有书信来往，其中一封颇为知名（1884年9月22日）。他在信中首先坦承自己想用死刑犯来做狂犬病试验品的念头，"这让他想到了霍乱"。"不管是施特劳斯和鲁，还是科赫博士，都没能让动物染上霍乱，因此科赫博士认为的致病菌就始终有很大的不确定性。我们或许可以给死刑犯注射霍乱弧菌的培养物。如果有人患病，我们就可以试验一下目前最有效的治疗手段。"收到这样的请求，皇帝有点尴尬，他先表明对巴斯德"卓越研究"的赞赏和对他本人的尊敬，然后用外交辞令拐弯抹角地说"在我们国家，死刑已被君主赦免，死刑将无限期暂缓执行"。礼貌地拒绝！就算死刑犯该死，自己的臣民也不是小白鼠！

因为无法将霍乱传染到动物身上，关于霍乱弧菌的怀疑持续了很久。好几位研究者①都曾致力于该问题。最后在1885年5月，科赫自己跨越了这个障碍。他用小苏打中和了霍乱病人的胃容物，然后从口腔注射给白鼠。他在白鼠体内找到了霍乱弧菌，尸体解剖时也发现了霍乱的典型病变。最终，实验证据找到了，尽管这证据不像他希望的那样确凿。

巴斯德却始终困惑。1892年11月20日，他向格朗谢承认，基于冯·佩滕科费尔的实验以及其他事实，他觉得无法足证霍乱弧菌的病原性，而且在巴斯德研究院，"梅契尼科夫几个月来反复实验，他确信'逗号杆菌'不是霍乱的病原体，肯定还有一种与之相结合的微生物，它才是真正的致病菌。"

土伦的疫情让科赫不仅分离出了霍乱弧菌，制造出了欧洲第一批培养物——他当时不敢从印度带回来！而且提出了卫生措施和霍乱预防法。土伦市市长和所在省副省长向科赫表达了感激之情，这又激怒了在霍乱上一筹莫展的巴斯德。外交部部长儒勒·费里给"敌人"授了勋。这可让法国人民受不了了！讽刺漫画家们开足了火力。8月4日的《铃铛》报给漫画配以尖刻的说明："一个傻子总能找到一个更蠢的傻子……给他授勋。"

在另一幅漫画上，巴斯德背对着土伦，似乎也以同样的态度面对了这次挫折。1884年8月4日，巴斯德前往哥本哈根国际医学大会，这给了他重新向科学界施加影响的机会。

---

① 马赛的尼卡蒂和里切尔，比利时的冯·艾尔门格。

他不禁（讥讽地或是轻蔑地？）注意到："菲尔绍是大会第一个发言的。这大概是为了安慰德国人，毕竟大会主席是潘农博士，他的开幕致辞是用法语写的，也会用法语念出来。本来第一个指定发言的人应该是我。我跟主席说，他不用在意，我对这些优先权和礼节问题完全不在意①。就让狂犬病为我们挣回地位吧。"②他的发言将全部围绕狂犬病疫苗研究，霍乱已是过去时了！

　　巴斯德的开场白如下，在当时法德两国紧张的对立局势下，我们可以想见这番话造成的影响③："今天我们大家在场，表明科学是中立的。科学没有国界，或不如说科学的国度拥抱全人类……但是，先生们，虽然科学没有国界，但科学家应该心怀祖国。所有科学家都是伟大的爱国主义者，为祖国争光的想法支撑着科学家鞠躬尽瘁；想让祖国跻身前列或保持领先的雄心，激励着他们投入到艰难但光荣的对知识的不懈追求中，人类因此才能享有各国科学家带来的成果。人们从中做比较，做选择，占有和利用这些成果，每一次都代表着不同国家的荣誉。先生们，各位是人类知识的代表，它如此艰涩又如此精妙，既是一种科学，又是一门艺术；各位将自己的耕耘所得贡献给了全人类；各位的名字代表着各自祖国的光荣，你们可以骄傲地认为：为祖国工作，作为人

---

① 我们可以怀疑巴斯德这话是否出自真心！

② 1884年8月4日写给布雷的信。

③ 1884年8月4日写给布雷的信末尾的附注（见巴斯德·L.，《书信集》，第3卷，第437页）。

类你们实至名归。”

　　科学家是一个充满信念的职业！

　　"就让狂犬病为我们挣回地位吧"，巴斯德在哥本哈根大会前曾写道。事实也的确如此。

第十四章
狂犬病

韦尔斯泰因，默默无闻，小小的实验室，与世隔绝，经济困难，这些回忆似乎都已遥远，但其实又离得并不远……科赫回味着自己走过的路。他在结核和霍乱上取得的成绩使他成了德国最杰出的科学家，誉满全球。

科赫身材中等，额头高高的，头发很少，几乎秃顶，但有一把浓密的络腮胡子，一张英俊的脸，流露出高傲的神色，眼睛永远藏在金框眼镜后面，这让他有安全感。他热爱工作，勤奋刻苦，这么多年来从未改变。1884年7月以后，他发表了《关于霍乱的讲座》，进一步丰富了关于霍乱的文章。也就是从这时起，他开始了教师生涯，教学逐渐成了他的主要活动之一，他每次都不遗余力，备课细致入微。他说话清晰而明确，这弥补了口才上的不足。在学生和亲近的人身边，他保留着当年在拉克维茨乡下行医时的好脾气。不过面对陌生人时，也许是由于害羞，他表现得不善言辞，不够热情，因此有了性格严峻、不苟言笑的名声。

1885年5月，柏林大学新增卫生学教席，科赫担任教授，开设了实践课和卫生考察课，包括实地走访各市镇的公共卫生设施。这样一来，加上他本来事务众多，科赫个人的科研就稍稍被忽视了一些。不过他的名声吸引了德国和外国的很多年轻医生到他身边工作。他的实验室成了人才培养的摇篮：埃尔利希、贝林、弗鲁格、斐佛、加夫基、胡珀、北里柴三郎、冯·艾尔门格、巴比斯等，都从这里走了出来，独当一面。科赫拥有许多头衔，包括柏林大学新开设的卫生学院院长一职。他于1885年7月1日进驻新学院，而在巴黎，仅仅几天以后，巴斯德把全世界第一支狂犬病疫苗用在了人身上。

巴斯德学派开始涉足狂犬病是在1880年，他的主要助手是鲁、张伯伦和蒂利埃（直至英年早逝）。这种病在欧洲不多见，因为只有被狗咬伤才可能染病，但其病况却极其可怖。正如埃米尔·杜克洛所说："狂犬病在人们的想象中挥之不去，让人想起传说中的景象，狂怒的病人，被捆绑着号叫嘶吼，或者被厚被子活活闷死。"这种传染病应该是由微生物引起的，巴斯德就是抱着这样的确信才开始了寻找细菌之旅。1879年，法国医生保罗-亨利·杜布埃的研究表明，病原体应该就在患病动物的神经组织中。巴斯德证明了这一点，他把患病动物的脊髓混悬液注入健康狗的大脑内，后者果然染上了病。尽管如此，巴斯德既不能在显微镜下观察到这种微生物，也无法实现其培养。[1]

1882年，巴斯德开始在兔子身上做实验。[2]染病兔子的症状不像狗一样凶狂暴力，但也必然会死亡，其脊髓成为一个病毒源，可以接种给另一只兔子，于是狂犬病兔子的脊髓就好比是病毒的培养物了。

1882年，巴斯德开始在兔子身上做关于狂犬病的研究实验

巴斯德研究狂犬病的目的，是想获得疫苗。他想通过这一传染给人类的疾病，说服那些对疫苗接种仍存疑虑的人，毕竟之前他的研究——鸡霍乱、炭疽病和猪丹毒——都只

[1] 原因是狂犬病的病原体与鸡霍乱、炭疽病、结核或霍乱的不同，它不是细菌，而是一种病毒，因为太小了，在光学显微镜下无法观测（人类第一次观测到它要到1963年借助电子显微镜），而且和所有病毒一样，它只能在活细胞内部繁殖。

[2] 1879年，里昂兽医学校的教授皮埃尔-维克多·加尔提尔写道："狂犬病可以接种到兔子身上，患病的兔子不会像狗那样有攻击性，因此对于确定患病动物的体液有毒或无毒很方便。"皮埃尔·加尔提尔，《狂犬病研究：兔狂犬病》，载于《科学院纪要》，1879年，第89期，第444—446页。

局限在动物患病的领域。要研制出狂犬疫苗，就必须获得减毒病毒。为什么不用和炭疽病疫苗同样的方法，让脊髓与空气接触后自然老化呢？事实上，狂犬脊髓在干燥无湿度的空气中的确是会干掉并失去活力。这一过程也是渐进的。鲁发明了一种有两个管口的小瓶，脊髓放在里面时间越长，激发狂犬病所需的时间也就越长，大约两周后就彻底失活。为了获得狂犬免疫性，巴斯德试着给狗接种，起先注射完全失活的脊髓，然后依次注射毒性越来越强的，直至两周后注射全新的有剧毒的脊髓。这个实验重复了许多遍，终于获得了成功：免疫性大约在超过15天之后获得。这时巴斯德心想，既然所有被疯狗咬伤的人通常都要在一个月甚至更久之后才发病，那为何不利用这段时间为其接种减毒狂犬病毒，使其免疫呢？这样狂犬病就不会发病了。

1885年年初，巴斯德认为时机已成熟。这时上天也给了他机会，让他比预期更早地展开了实验。1885年7月6日，阿尔萨斯地区梅森哥特附近，一个农村面包店伙计的孩子，9岁的约瑟夫·梅斯特，被母亲带来找巴斯德。他是前一天被疯狗咬伤的。巴斯德仔细检查了男孩，记下了笔记："右手中指、大腿、小腿被同一只狗严重咬伤，狗扯破了他的裤子，把他扑倒后撕咬，要不是正好来了个泥瓦匠，用两根铁棒把狗打死，男孩大概就没命了。"他在男孩身上数到14个伤口，受伤程度很严重。毫无疑问，狂犬病威胁着他的生命。

巴斯德的心中非常矛盾。一方面，男孩患病已无可避免，能不能就此放弃治疗呢？另一方面，给人试验一种只在动物身卜成功过的疫苗，风险也是很大的。孩子能挺得过去吗？疫苗真的会有用吗？假设孩子被咬伤后未必患病，可由于接种的最后几针疫苗毒性很强，万一接种失败，他将百分之百逃不过命丧狂犬病的下场。巴斯德必须立刻做决定。治疗方案是在病毒从伤口向孩子大脑转移的这段时间里拦截它。

　　巴斯德和两位他很信任的医生阿尔弗雷德·维尔皮昂和约瑟夫·格朗谢交换了意见，两人都建议他采取治疗。于是7月6日，格朗谢给梅斯特注射了第一针。这一针注入的病毒是最老的，毒性也最弱：它已经干燥14天了。接下去每天一针，一针比一针毒性强，巴斯德的担忧也一天胜似一天。治疗持续了11天，一共注射了13针。最后梅斯特没有患病。巴斯德成功了，但他很谨慎，没有大肆宣扬，第一例狂犬病疫苗的接种其实是悄悄进行的。

　　第二次就不同了。同年10月，在阿尔布瓦附近、汝拉省一个叫维莱尔法尔莱的地方，有个名叫让-巴蒂斯特·朱皮尔的15岁的羊倌，在解救5个被疯狗攻击的小羊倌时被咬伤。巴斯德在自己的实验室接待了他，给他注射

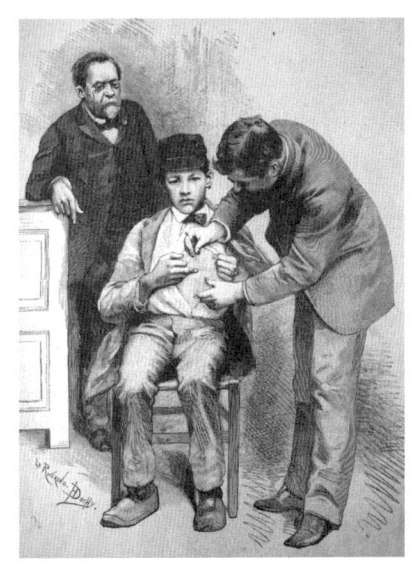

1885年，巴斯德在9岁的梅斯特身上成功完成了第一例人接种狂犬病疫苗

了疫苗——接种再次成功。

　　这一回，巴斯德没忘了宣传。他设法让科学院颁给朱皮尔一个奖，表彰其见义勇为的救人行为。朱皮尔事件让巴斯德的狂犬疫苗名声大噪，一时间所有被疯狗咬伤的人都涌上门来求救。到1885年12月初，已有80例成功或正在接种的治疗了。他的成功跨越了国界。自1885年12月起，美国纽瓦克被咬伤的孩子也来法国就诊，旅费由《纽约先驱报》负担。他们悉数得救。美国各大日报纷纷在头版头条报道此事：这对巴斯德及其疫苗接种理论而言，是意外之喜。1886年3月，俄国向巴斯德发出请求。斯摩棱斯克地区有一条疯狼，所经之地引起了巨大恐慌，后被人用斧头砍死。共有19人被它咬伤，伤口非常吓人。俄国政府立刻把他们送往巴黎，其中16人最终得救，安然无恙地回国。

　　尽管有这么多成功案例，在很长一段时间里，巴斯德还是不得不面对医学界很多人的质疑和媒体的敌意。如果被咬伤的人接种疫苗后没有发病，那些人就说这是自动治愈，因为毕竟不是所有人都必然患病；如果有人接种失败，那些人就说疫苗无效，或者更糟，正是由于接种才引发了狂犬病。

　　巴黎高师的实验室既要准备疫苗，又要接待病人和接种后的随访，俨然忙不过来了。为了能继续研究，巴斯德需要一个独立于高师之外的自己的治疗中心。1886年3月1日，距第一例——梅斯特的成功接种只过去了8个月，巴斯德就向法兰西科学院的同仁们汇报了狂犬病的研究结果（350人接种，只有1例失败）。在这次著名的会议上，巴斯德下了结论：

"基于严密的数据分析，我们看到了有多少人免于死亡，因此，咬伤后的狂犬病疫苗接种法是明确有效的。现在需要建立一个专门的狂犬病治疗中心。"会后，人们热情支持巴斯德的提议，联名签署，成立了专门的委员会：巴斯德将拥有他的狂犬病诊疗中心，也就是未来的巴斯德研究院。

巴斯德大获全胜，终于报了埃及之行和霍乱弧菌之仇。当然，他可不只是为了战胜科赫而研究狂犬病的。但民族主义感自始至终是他的动力之一。再说了，约瑟夫·梅斯特来自阿尔萨斯……换句话说，自1871年起，他就是德国人。1885年8月22日，就在梅斯特成功接种之后，巴斯德向高等教育部的领导表达了欣喜之情："我很高兴这个成功属于法国，也很高兴第一个得救的是阿尔萨斯人。"

估计德国人的确有些恼火，他们怀疑巴斯德疫苗的有效性，还开展了专门调查，特别是要确认咬伤梅斯特的狗真的是条疯狗。

1885年11月27日，巴斯德忧心忡忡地写信给韦伯博士，就是送梅斯特来看病的人："约瑟夫·梅斯特告诉我他的健康状况，提到德国政府在调查他的身体和咬伤他的狗是不是疯狗。我希望您能向我提供这次调查出具的官方报告。我想以此让那些不怀好意的人闭嘴。这样的人在法国也还不少呢！这次调查是不是也出于某个德国学者的愿望呢？"

同一天，巴斯德给梅斯特写信①说："我知道德国当局正在对你7月4日被咬伤的事件做严肃调查。我想他们想找证据证明咬伤你的狗不是疯狗。这会让人怀疑我的研究的价值，也会阻碍世界上第一支狂犬病疫苗的问世。世界上到处都有嫉妒的人，而德国学者，特别是某些德国学者，尤其嫉妒在追求真理的道路上走在他们前面的法国科学家。"德国对巴斯德的狂犬病疫苗一直持保留态度，这种状况持续了好几年。

媒体也在传播怀疑，甚至是一些胡编乱造的指责。某份德国报纸说，巴斯德声称挽救的16名俄国人在到达贝洛伊②后就都死于狂犬病；另一份报纸则说，他们中的一人，埃尔斯肖夫神甫，由于脸部被严重咬伤，死前经历了惨痛的折磨。巴斯德予以严正否认③，他致信《维也纳医学报》的主编，并呈上证据——一张神甫在莫斯科接受嘴唇整形术的照片，还有贝洛伊市市长的公函："德国报纸的新闻绝对虚假。16名俄国人身体健康。署名：雷尼科夫。"

1889年1月，巴斯德再度面临诽谤。他写信给（荷兰）鲁尔蒙德的克朗普斯博士，感谢他"寄来了德国《日报》的文章，全文充满了对法国科学界的仇恨和嫉妒，完全是恶意中伤。对这样的文章我们根本不屑一顾"。

---

① 杜古·D.，"巴斯德和约瑟夫·梅斯特"，《路易·巴斯德的种种》，载于《多卢瓦笔记本》，1995年，第11期，第315—338页。

② 位于俄罗斯，离斯摩棱斯克很近。

③ 1886年11月3日信。

　　长久的对立和暗伏的冲突影响了公正的判断。即便狂犬病疫苗已被全世界接受，德国学派仍拒绝投入使用。后来迫于公众压力，科赫才不得不开设疫苗接种服务，用的正是巴斯德的方法。

　　巴斯德的狂犬病诊疗中心"宾客"盈门，后来除了疫苗接种，也开展传染病研究，并开设课程。1888年11月，它正式更名为"巴斯德研究院"。落成仪式邀请了600名法国和外国名流，时任总统萨迪·卡诺也到场了。在这空前的盛况中，德国人因集体缺席而引起了注意，只有科赫之前的一个学生费迪南德·约普到场，他跟自己的老师以及其他权威闹翻了。[1]落成仪式上，格朗谢博士发言，对罗伯特·科赫博士怀疑减毒疫苗的有效性深表遗憾。不过在仪式之前，有两段关于巴斯德学派与科赫学派关系的插曲值得一提。

　　之前我们说过，科赫自1884年起就不遗余力地投身到细菌学教学中。巴斯德学派的学者们，尤其是鲁，也很想在未来的巴斯德研究院里开设类似的课程。于是刚加入团队不久的年轻研究员亚历山大·耶尔森[2]被当作侦察员派往柏林，

---

[1]　《巴斯德研究院落成仪式纪要》，王玺出版社，夏罗纳父子印刷出版社，1888年。

[2]　亚历山大·耶尔森（1863—1943），法瑞双国籍，医生、细菌学家、探险家，出生在瑞士沃省。他先在德国玛堡，后在法国巴黎学习医学，在巴黎时认识了埃米尔·鲁，并加入了巴黎高师的巴斯德实验室。我们稍后在白喉研究方面还会看到他的身影，后来他也活跃于研究鼠疫杆菌。见佩罗·A.、施瓦茨·M.，《巴斯德和他的士官们》。

于1888年6月上了一个月的课。他共听了24节课，由科赫的两位助手佩特里和弗拉昂克尔负责讲授。耶尔森非常仔细，不仅记下了课程和实验过程，还画下了实验室布局、动物饲养笼、染色剂方子、培养基准备的细节等，堪称一个称职的间谍！不过，他也是一个带有批判眼光的间谍。课程的第二部分是关于病原微生物（炭疽、霍乱、结核、恶性水肿）的，其质量让他失望："所有主题都讲得太粗略了，我觉得我们不难做得更好。"这个结论刚下，他就得知了"大新闻"，德意志皇帝驾崩，当天晚上，"许多人，尤其是官员，在菩提树下大街①集合"。除了许多国家机构降半旗致哀，他冷静地观察到，"城市面貌丝毫未变。葬礼将在柏林城外举行，我估计很多人都不知道皇帝的去世"。他的柏林之行即将结束，却始终没见到"大人物"科赫，他希望向后者呈上一份自己的博士论文。科赫一般不见外国人，但最后仍短暂地见了耶尔森一面，并大致谈了一下他自己的研究："他跟我讲了炭疽杆菌的培养，随着培养次数的增多，杆菌逐渐失去了形成芽孢的能力，但对动物的毒性丝毫未变……科赫还跟我说，自从他在琼脂上培养结核杆菌以来，他还从没观察到培养物毒性上有丝毫变化。"②在回巴黎的路上，耶尔森去布雷斯劳见了"大教授弗鲁格"，"他非常友善，给我看了所有我希望看到的东西。他曾经是科赫的学生和左右手，如今离

---

① 柏林的一条大街，相当于巴黎的香榭丽舍大道。
② 巴斯德研究院档案。

科赫远了一点，思想上也更自由了，开始承认法国也有一些有意义的研究，尤其相信狂犬病疫苗的有效性。这在德国是很罕见的"[1]。耶尔森与德国同事的交流收获颇丰，他带回很多微生物菌株，接下来开始自己培养。"有40多种！"相比两位宗师，宗派主义的影响对助手们要小一些，他们之间的交流一直未断。7月29日，耶尔森宣布："我刚收到上周日向柏林要的结核培养，我要自己接种到印度猪身上去。"

另一个插曲对巴斯德研究院的未来意义重大：艾利·梅契尼科夫，一个个性鲜明的乌克兰生物学家，在海星幼虫的细胞里发现了一种能吞噬所有外来异物的游走细胞。他运用类比法，猜想：在人和动物的血液内，也存在这么一种细胞，能吞噬微生物以避免传染。他认为叫做"吞噬细胞"的这些东西是白细胞的一部分。当时，科赫坚决反对梅氏认为吞噬细胞在免疫系统中起重要作用的理论。于是梅契尼科夫在1888年前往柏林，想给科赫展示吞噬细胞内部的细菌，决心以此说服他，并希望能被吸收进他的团队。这次会面将永远留在他的记忆里[2]：

"我到了科赫工作的卫生局，见到了他的助手和学生们。说明来意后，他们帮我约了第二天见科赫。我顺便把自己的制备物拿出来给他们看。大家都认为，他们在显微镜里观察到的情况符合我的结论。受此鼓舞，第二天，我由科赫

---

① 1888年6月10日耶尔森写给他母亲的信，巴斯德研究院档案。
② 梅契尼科夫·E.，《现代医学的三位奠基人》，第111—116页。

的主要助手陪着，去实验室找他。我看到一个坐在显微镜前的男人，上了点年纪，但不算老。他谢顶比较厉害，胡子浓密，还没花白。长相英俊，神情严肃，几乎有点傲慢。他的助手用非常尊敬的语气说我来赴约了，说我想给他看看我的制备。'什么制备？'他生硬地问，'我之前让您准备我待会儿上课要用的东西，我看还缺了不少呢！'助手很谦卑地道歉，然后又指了指我。科赫没有跟我握手，对我说他现在正忙，只能给我一点点时间。我们飞快找来几台显微镜，我给他看了我觉得最有演示意义的制备。'您为什么要用紫色染色剂？蓝色染色剂更好些。'我跟他说明原委，他也不为所动。观察了一会儿，他站起来说，我的制备一点都没有说服力，而且完全不符合我的观点。我被他的话和态度惹恼了，说这么一点时间似乎不足以让他明白我的制备的精细度，我想再约一次，见面时间希望能充裕一些。这时候，围在他身边的助手和学生——前一天他们同意我的观点——都随声附和。

　　"第二次见面时，科赫显得稍微友善了一点。他试图反驳我的观点，但最后还是同意了我的论断。不过最后他下结论说：'您知道我不是微观解剖学的专家，我是卫生学家。因此，这些螺旋菌是在细胞外还是在细胞内，对我来说意义不大。'听了这番话我就告辞了。

　　"这次见面的19年以后，科赫才在科学期刊上公开表示赞同我的理论……1894年我经过柏林，他很友好地带我参观了他的诊所，见了他的病人，并详细描述了结核菌素治疗

法，尖利指责那些不会使用这种治疗法的医生，最后还邀请
我和我太太共进晚餐，把我介绍给了他的夫人。这与第一次
见面的情形有如天壤之别……"

　　不过由于曾不受科赫待见，梅契尼科夫选择了巴斯德研
究院，巴斯德让他领导一个实验室。他后来成为该研究院的
主力之一。1908年，梅契尼科夫因发现细胞吞噬作用而获得
了诺贝尔生理学或医学奖，被认为是细胞免疫学之父，这一
学科研究细胞在免疫上的作用。

　　我们言归正传，巴斯德研究院就此成立……而科赫也一
直致力于建立自己的研究院。

艾利·梅契尼科夫

第十五章
科赫形象受损……

卫生学教授，继而是卫生学院院长，这些职务使科赫更像是个管理者。从1885年起，他就不再做实验，只监管研究，教学任务也分配给了助手们。科研的激情之火似乎熄灭了。不过1889年年末，忽然之间，科赫又重返实验室，关起门来，谢绝访客，做着神秘的研究。他频繁出入实验室，但对自己在做什么讳莫如深，加上实验中不断死去的白鼠，都难免让亲近的人疑问重重。这奇怪的态度隐藏了什么秘密呢？它很快便被揭晓。1890年8月4日，第十届国际医学大会在柏林召开，参加过伦敦大会的人来了，参加过日内瓦大会的人也来了，与会者达到8000人。德国政府希望国际科学和医学界的这一盛事能永载史册，奠定德国的尊贵地位。大会主席是科学巨擘菲尔绍，头面人物则是无可争议的科赫。教育与科研部部长冯·戈斯勒透露了一个悬念，宣布将有个轰动的大新闻。听众的好奇心被吊了起来。科赫开始发言，是关于15年来细菌学研究的长篇大论。他强调了自己的贡献，忽略了巴斯德的工作。他谈到了结核，并在最后宣称：

"我曾找到若干能在试管里阻止结核杆菌发展的物质……但在动物身上没能成功。不过，我最终找到了一些物质，它们在试管里和动物体内都有可能阻止结核杆菌繁殖。注射了该物质的白鼠对结核病的接种有了抗体；对已经感染结核、处于疾病后期进程的白鼠，注射该物质能减缓病情。在座各位但凡研究过结核的都知道，类似的实验耗时很长，因此，尽管已经过了一年，我的实验还未最终结束……目前我不想得出其他结论，只是想告诉各位，我们有可能让动物体内的结核病原体失去作用而不损害机体……如果一些物质确实能有效阻止实验室动物的结核进程，我们就有希望日后找到治愈人传染病的类似物质……我今天违背一贯的习惯，向大家宣布尚未结束的实验的进展，目的就是想鼓励更多人朝这个方向去研究。"[1]

这个消息让人困惑。人们期待的是一个清晰明白、引起轰动的大发现，等来的却是一些初步结论……关于发言者自己都未言明性质的一些"物质"。

事实上，科赫自己也很不自在。他在发言之前向一个同事海因里希·瓦尔德耶-哈尔兹坦承，他对马上要宣布的内容

---

[1] 《论细菌学研究》，载于《柏林国际医学大会纪要》，柏林，奥古斯特·赫施瓦尔德出版社，1890年。见莫雷尔斯·B.，《罗伯特·科赫：人格与事业（1843—1910）》，第557—558页。布洛克·T.D.，《罗伯特·科赫：医学和细菌学的一生》，第196页。

有点担忧，因为他知道自己关于结核防治的研究还不完善，只是由于多方压力和"部长冯·戈斯勒不肯放过他"，他才被迫登上舞台，其实他自己"更想放弃发言"。

诚然，科赫的发言有被迫因素，但也有其他原因。在他自己的研究院里，他和合作者之一的埃米尔·贝林之间产生了竞争。我们后文会看到，贝林发现了白喉和破伤风毒素之后，开始想用免疫动物的血来治疗病人。1890年12月，他和北里一起发表了一篇论文。也许科赫迫切想占据领先地位，才冒险凭着初步实验的结论就宣布自己找到了治愈结核的方法，且这种方法有可能启发其他疾病的治疗。这两人之间的竞争最后闹得沸沸扬扬，逼得贝林离开了科赫研究院。除了这一原因，更深层的恐怕就是与巴斯德的无处不在的对抗：要是能战胜更常见的结核，那狂犬病疫苗就肯定相形见绌了！

尽管科赫的发言透着谨慎，在口头上弱化了研究结论的确定性，但听众只记住了这些"物质"，和初步观察结果预示的对抗结核的伟大胜利。消息传遍了全国，继而越过了国界。许多名人热烈庆祝这一发现，如英国人李斯特、专攻结核的美国著名医生爱德华·列文斯顿·特鲁多，甚至还有柯南·道尔，他于1890年在《评论之评论》上发表文章，讲述拜访科赫之行："地上摊了一堆信，足有一平方米，有膝盖那么高，足以说明有多少人想要（这些物质）。别人告诉我，这还只是其中一次送来的信。"他接着描写费了好大劲才终于见到的科赫本人。

即便是法国也群情激昂了。人们发现不只有俾斯麦那样的"坏"德国人，还有科赫那样的"好"德国人！所有的祝贺中甚至包括……巴斯德的电报！发出这封电报对他来说不是件容易的事。他在自己位于巴斯德研究院的办公室口授了这封电报。办公室里醒目的位置上挂着埃内尔的版画《阿尔萨斯女人》的复制品：一个服丧的、肃穆高贵的、充满象征意味的阿尔萨斯女人形象。下方写着"她在等待"。当然是等待着她的阿尔萨斯省获得自由。梅契尼科夫说："（巴斯德）首先是位热烈的爱国主义者，从1870年战争起，他就讨厌德国人。每次收到一本德国的书或册子，他就用手指捻着递给我，或是带着厌恶神情把它丢在一边。但当我建议他给科赫发祝贺电报时，他还是同意了。"[1]电报发出，语言简练但真诚："巴斯德先生率巴斯德研究院各系主任，祝贺罗伯特·科赫的重大发现。"

一家德国报纸驻巴黎的记者稍后报道了巴斯德对此事的反应："星期一，科学院每周一度的例会召开，大家热烈讨论了科赫的发现。巴斯德也在场，被各种问题轰炸。他狠狠驳斥那些提出质疑的人。这个发现是无可辩驳的，他一边喊着，一边用激烈的手势拒绝了全部问题，并对怀疑的人说他们不应有任何疑问。"[2]

还有一个证据能说明巴斯德研究院对这一发现深信不

---

[1] 梅契尼科夫·E.，《现代医学的三位奠基人》，第95页。
[2] 载于《德国医学周刊》，1890年11月27日，第1111—1112页。

疑。在12月20日董事会的会议记录中，能找到这样一条批注："巴斯德先生表示，科赫先生发现了治疗结核的方法，巴斯德研究院以后很可能也要自己生产疫苗，所以从现在起就要考虑需要具备的条件和场地。不过，就在巴斯德研究院对面……杜多路边上……就有一大块空地①。"

科赫所谓的神秘的"物质"起先被叫作科赫淋巴液。1891年2月，它们有了正式的名字：结核菌素。就像被疯狗咬伤的人涌向巴斯德研究院一样，结核病人纷纷造访柏林，期待神药的拯救。很快，从1890年秋天起，这种药就在慈善医院被用于人体实验，科赫自己也注射了结核菌素，巴斯德则很遗憾没有神秘的结核菌素供他实验。科赫主动满足了他的愿望："尊敬的先生、同仁，感谢您用电报祝贺我在结核病上的发现。我将其视作一种特殊的荣幸，特此向您以及您的合作者们致谢。为进一步表示我的谢意，我冒昧揣测您或许也渴望亲自观察新药对人体的作用，因此给您寄去一份样品。请接受我诚挚的敬意。R.科赫。"②

科赫的态度有了明显转变。我们是否可以认为，这段充满信任的话标志着双方敌意的结束，还是科赫因为领先老对手一步而喜不自胜？

1890年11月28日，一个小小的白木盒子抵达了巴斯德研究院。盒子里分两个小格放着两个磨砂口烧瓶，每瓶装了2克

---

① 这块地在1900年被买下，今天容纳了巴斯德研究院大约一半的校区。

② 《为全民的科学》，1890年12月6日，第386页。

KOCH AS THE NEW ST. GEORGE.

发现结核菌素的科赫被媒体比作"新的屠龙英雄圣乔治"

（巴斯德估计是5到7克）清澈、透明、呈浅棕色（有个记者后来说有些像马莎拉葡萄酒）的液体。第二天，巴斯德立刻就把这两个瓶子交给了巴黎公共援助医院的佩戎，后者又给了圣路易医院的维达尔医生……他要和尚特梅斯及施特劳斯分享这些珍贵的液体！与此同时，巴黎医学院的科尔尼勒教授[1]也收到了两个瓶子。在柏林将结核菌素用于人体治疗之后不到3个月，法国医学界也配备了这一神药。科尔尼勒当着医学院同事的面展示了和尚特梅斯一起获得的治疗结果[2]。

他在发言中流露出重重疑问，越讲疑问越多。他回顾了这种液体引起的反应，"当我们（向结核病人）皮下任何地方注射极少量（1毫克）该物质后，我们能观察到新的反应。一个、两个、三个、四个到五个小时以后，体温通常上升至39℃，有时……达到40℃甚至41℃。同时病人有寒颤、虚弱、昏睡等症状，有时会出现昏迷，让人担心病人会死亡。在发热阶段，我们发现有（结核组织的）充血现象和症状，水肿、发炎，程度严重到可以导致结核感染部位的坏死。注射该液体后的上述局部现象是我们未曾见过的。能否认为新药自身有强烈的抗结核效果，认为这种特殊的药能去除结核结节？现在为时尚早，不能下任何定论。"他坚持认为："首先，这种药不能杀死细菌，细菌继续存在，而且活力不

---

[1] 著名的解剖病理学专家，指导了耶尔森的博士论文。

[2] 科尔尼勒教授，《科赫的方法和技术》，克莱尔蒙（瓦兹省），戴兄弟印刷所，1891年。

减……我知道有人说过，就算细菌杀不死，至少其活性被改变了；有人说细菌会变形、扭曲，处于濒死状态。但这些现象目前看来纯粹是幻想，没有得到观察者的严肃验证。这种药杀不死细菌，只能改变患病组织的活性，我们不能肯定它能阻止细菌的再生和繁殖，入侵健康组织。"之后他表示更加怀疑，"我们尚不知道这种药有没有治疗功效，即便是处在最有利的情况——结核发展初期。"接着，他又表达了彻底的保留态度，"还不止这些：我们发现了科赫新药的一些禁忌症。"他指出了禁忌症有哪些症状，并建议如果肺、喉、脑膜、胸膜有大范围感染时，应立即停药。他介绍了前一天或当天上午尚特梅斯治疗的病人案例，认为这些人没有可能痊愈。实验进行时间太短了，需要更长时间再下结论，"切勿冲动，谨记一点，所有的新发现都比已有发现要好得多。"他的整个发言时而谨慎，时而保留，时而确信，最后表达了一定条件下的乐观和希望："科赫的新药应该能对局部结核和结核外科手术产生显著疗效，因为在此情况下还需要辅以手术"，比如骨结核和关节结核。

最初的赞誉过后，类似科尔尼勒这样的怀疑开始传播。人们这时发现，新法治疗后的病人有复发。李斯特在1890年8月的柏林大会上热情祝贺科赫治疗法的问世，并在当年秋天把他患肺结核晚期的侄女送到了科赫那里……但她最终未能得救。

还有其他原因。科赫对药水秘方严防死守，令许多人（菲尔绍、鲁、梅契尼科夫等）不满，他身边的人猛烈攻击他。科

赫以前的助手约普在布拉格发声，指责他不公布药水细节，该
药没有达到他宣称的效果。这算不算以彼之道还施彼身呢？因
为科赫在炭疽疫苗一事上也以同样的理由指责过巴斯德！

　　1891年1月15日，科赫最终公布了其新药的生效原则，
著名的科赫现象，即健康白鼠或结核感染白鼠在注射活杆
菌或死去杆菌后产生的不同反应。他还公布了药水的成分：
"我借以治疗结核的新药其实是结核杆菌纯培养的浓缩提取
物。"①就这么简单！②

　　一场风暴正在酝酿，渐渐逼近。1891年1月，菲尔绍发表
文章，完全否定了结核菌素治疗法，称其即便不引发潜伏的
结核，至少也会加重病情。21人在接受结核菌素治疗后仍然死
亡，尸检称所有的人都染上了一种毒性极强的结核菌。结核菌
素摧毁了坏死组织，反而便于结核杆菌进一步长驱直入。

　　同一年公布了临床试验的结果。在2000名接受结核菌素

---

① 《对结核病疗法的后继通报》，载于《德国医学周刊》，1891年，第3期，第
　　101页；英语版载于《英国医学报》，1891年1月17日，第125—127页。见莫雷
　　尔斯·B.，《罗伯特·科赫：人格与事业（1843—1910）》，第71页。布洛克·T.
　　D.，《罗伯特·科赫：医学和细菌学的一生》，第211页。

② 科赫怎么会想到用结核杆菌提取物治疗结核这样的奇怪点子呢？因为他很
　　偶然地观察到，在首次感染结核两个月后第二次感染的白鼠，病情没有更
　　严重，反而缓和了，寿命也增加了。这一好转伴随着结核病变的坏死。在科
　　赫看来，这种坏死能阻止细菌发展，阻断使其繁殖的因素进入其中。他随
　　后发现结核提取物，即结核菌素，有同样效果。C.格拉德曼在《科赫与白色
　　瘟疫：从结核到结核菌素》一文中提到了这一问题。文章载于《微生物和感
　　染》，2006年，第8期，第294—301页。

治疗法的病人中，相比不接受任何治疗的病例，只有极少数人痊愈。

结核菌素曾被媒体认为是人类最伟大的发现，也曾让科赫登上神坛。但忽然之间，还是这个结核菌素，让科赫沦为了江湖骗子，他的光辉形象产生了裂缝。

不过，虽然结核菌素没有可测的治疗效果，但在诊断上绝对是有意义的。它能帮助判断人体内的结核杆菌是活跃的还是潜伏的。所有接触过结核杆菌的人都会对结核菌素有变态反应，这是因为细胞对微生物的免疫性，日后人们称之为滞后过敏。结核菌素后来被广泛用于皮试，很长一段时间内小学生们都要接受这种测试。

1888年至1893年间，一方面，科赫在事业上遇到了结核菌素的挫折；另一方面，在私生活上也波折不断。1888年，女儿歌楚德，他最爱的楚蒂，与科赫的助手之一、军医爱德华·普尔结婚。女儿的幸福抹不去父亲看到爱女出嫁的悲伤，特别是到了1892年，这对年轻夫妇搬到了斯特拉斯堡，要见一面就更难了。与此同时，科赫和妻子艾米的关系进一步恶化，艾米常常有被抛弃感。科赫专注于科研，常常忘记回家吃饭，甚至连家住在哪儿都能忘记。而艾米只能逆来顺受，唉声叹气。丈夫性格孤僻，但她始终崇拜他，多年来这种崇拜弥补了她的孤独。最终，却是科赫没能抵得住中年的情欲，这件事使他的形象进一步受损。

1889年夏天，科赫还没开始结核杆菌的研究，他身心疲惫，独自去阿尔卑斯山的蓬特雷西纳度假。他特别喜欢这个地

少女时期的海德薇格

方，习惯了定期孤身前来"归隐"一阵子，也会给艾米传递充满诗意的信。但这次之后，艾米再也收不到类似的信了。

按照当时的传统，名人都要留下自己的肖像。科赫也不能免俗。1889年，他去的是画家格拉费的画室。在那儿，他注意到一位美丽少女的肖像。她是画家的学生，才华横溢，也是戏剧演员。画家介绍两人认识。她叫海德薇格·弗雷伯，年仅17岁，而他47岁。他一下子就被这姑娘迷住了，一见钟情。画室的小插曲颠覆了他的生活。他先是悄悄地约会，继而越来越公开地去剧院看戏。到1892年，他对海德薇格的殷勤已尽人皆知。

1890年10月，科赫宣布找到结核病新药后不久，教育部部长答应了科赫的要求，决定让他免于教学，并以巴斯德为例，给他建一座研究院。巴斯德研究院是为治疗狂犬病而建的，科赫的传染病研究院则以肺结核防治为主要目标。建筑师们赶到巴黎，1890年12月3日的《费加罗报》称他们"昨天参观了巴斯德研究院，向我们杰出的科学家问了所有关于建造研究院的细节。巴斯德研究院看来已成为所有类似科研机构的范例了"。

　　就在这一时期，结核菌素从无上的荣耀变成了灾难。科赫的婚姻濒临破裂，他和海德薇格的关系遭人唾弃。为了躲避这一切，他去了埃及旅行，其间，关于他的研究院的财政投入问题引起了激烈争论。1891年3月，他给新欢海德薇格写信，描写了卢克索的美景、废墟和肃穆的墓地，以及始终困扰他的柏林的那些事儿："我亲爱的海德切，我在卢克索的几天过得非常美妙。那些宏伟壮丽的古迹，映衬着碧蓝的明媚天空，天幕下铺开一片片上尼罗河地区的绿色原野……我爬到了只有雄鹰才飞得到的高处，从那儿远眺沙漠，遥想着和贝都因人一起去沙漠探险……我可以在卢克索一直待下去，几个星期、几个月都可以，但开罗像磁石一样吸引着我……我盼望在开罗能收到你的信。但是没有！我只收到了柏林让人不快的来信。你知道你是我的知心人，我想向你敞开心扉，请你分担我的忧愁。"科赫担忧的是科学界对结核菌素的接受度以及建造研究院的经费问题。他发出了请求："我求你写信给我，告诉我你是怎么想的，告诉我如果身处逆境，你是否仍然愿意、仍然能够陪伴在我身边……海德切，我亲爱的人，如果你爱我，那我就能忍受一切，哪怕是失败。不要在此刻放弃我，你的爱是我的全部支撑，是天边那颗让我翘首企盼的明星。"①

　　1892年的整个冬天，科赫都坐在剧院第一排的固定位置，近距离欣赏海德薇格。1893年6月，他与艾米离婚，两个月后的1893年9月13日，科赫再娶弗雷伯小姐。这桩与年轻30岁的女人的婚姻引起了公愤。继结核菌素之后，一些同僚们又在道德上否定了科赫。甚至克劳斯塔尔的乡亲们，本来在他出生的宅子上挂了一块纪念铭牌，得知此事后也一怒之下揭掉了牌子。根据梅契尼科夫的说法，在1892年的全德医生大会上，"科赫的婚姻②让他的上司们大为恼火，成了教授们大肆攻击的目标，大家津津乐道于他的罗曼史，比对大会的

科赫与海德薇格

① 莫雷尔斯·B.，《罗伯特·科赫：人格与事业（1843—1910）》，第207—208页。
　　布洛克·T.D.，《罗伯特·科赫：医学和细菌学的一生》，第233页。
② 科赫的再婚其实是1893年，梅契尼科夫可能记错了大会时间。

任何报告都要感兴趣！"科赫之所以始终没能加官晋爵，成为罗伯特·冯·科赫，很大程度上是由于他的再婚以及第二任妻子的性格。不过这桩婚姻中的当事人还是很幸福的，第二任科赫夫人深深理解丈夫对科学的献身精神，几乎寸步不离，甚至跟随他参加了大多数科学考察。

　　无论如何，尽管结核菌素作为结核病治疗的手段宣告失败，传染病研究院还是于1891年落成了[①]，科赫被任命为院长。他和巴斯德一样，有了属于自己的研究院！他身边聚集了20余名助手，其中一些人的名字将在细菌学和免疫学领域永留史册：埃米尔·贝林，北里柴三郎、保罗·埃尔利希、理查德·菲弗、贝纳德·普罗斯科尔和奥古斯特·冯·瓦瑟曼。前三人的主要贡献是白喉、破伤风和血清疗法，在这些领域我们又将见到德法两派科学家的竞争与互补。

① 一些设备几乎是巴斯德研究院的拷贝，比如鲁设计的用于细菌培养的恒温器。

第十六章

毒药和解毒剂

    在法国和德国，人们今天已经忘了白喉是什么。它已经从致命疾病的名单中被删除了，这有赖于巴斯德和科赫的弟子们。在这之前，白喉是让父母们闻之色变的疾病。白喉古已有之，18世纪遍布欧洲，19世纪达到发病顶峰，主要受害者是孩子。在法国和德国，每年有数万人因此丧生。白喉的主要临床表现是痉挛和喉部出现义膜；如果义膜出现在声门、喉部和气管，则会造成严重的呼吸困难。大约一半患"哮吼"病的儿童都悲惨地死于窒息。维克多·雨果说它是"丑陋的恶魔，地狱的恶鹰"，它也的确是许多家庭的噩梦。科赫和巴斯德的弟子们一直以战胜白喉为己任。

    第一个有所建树的人是个叫埃德温·克莱伯的德国人。他不是科赫的弟子（他比科赫还要年长9岁），老师是菲尔绍。克莱伯是最早赞同微生物致病说的人，而菲尔绍则花了很多年才接受这一理论。事实上，早在1877年，克莱伯就继亨勒之后第二个提出了日后称为"科赫原则"的几个观点。他也是第一个进行白喉细菌学研究的人，1883年，他在义膜中发现了一些不动的棍状细菌。

第二年，科赫最早的两个合作者之一弗雷德里希·勒夫勒，对克莱伯发现的微生物产生了疑问，他费了好大劲，终于实现了这种杆菌的培养，并发现它就是白喉的致病菌。因为给动物们注射这种杆菌后，无一例外会出现义膜和白喉典型的痉挛症状。这个杆菌被称作白喉棒状杆菌，或是克莱伯-勒夫勒杆菌。奇怪的是，白喉杆菌在接种后并不扩散，只停留在注射的地方，可它能远程引起全身的中毒反应，尤其是心肺中毒。毫无疑问，正如勒夫勒后来指出的那样，白喉杆菌能分泌一种有毒物质，并散播到整个机体。

这时候法国人加入进来了。巴斯德的两位合作者埃米尔·鲁和亚历山大·耶尔森起了关键作用。1887年1月1日，耶尔森进入病童医院，担任格朗谢医生的助手，格朗谢就是那个当着巴斯德的面给梅斯特注射狂犬病疫苗的人。同时，鲁也聘用耶尔森担任巴斯德实验室的实验准备助手，用今天的话说，耶尔森是一名医疗教学人员。是他把鲁拉到患了白喉病的孩子枕边，说服鲁研究这种疾病。鲁很容易就被说服了，因为勒夫勒所说的白喉杆菌的特性（产生毒性，远程控制）深深吸引了他。早在研究鸡霍乱时，巴斯德就发现病原菌可以产生某些物质来引起某些病征，而鲁自己也在1887年和张伯伦研究败血症时，确信微生物可以分泌有毒物质。

鲁和耶尔森首先进一步肯定，克莱伯和勒夫勒描绘的棒状杆菌的确是白喉的独有细菌。但他们还有新动作，他们用同事张伯伦发明的一种过滤器过滤掉所有活菌培养后，在滤网上发现了一种物质，把该物质注射到动物身上，能迅速杀死它们，或令它们瘫痪。鲁和耶尔森由此证明，勒夫勒预言的细菌能分泌有毒物质，而这种毒素才是真正的罪魁祸首。1888年，两人写道："感染不是由侵入组织的微生物引起的，而是由一种有毒物质在机体内的扩散造成的。这种有毒物质产生于一层粘膜的表面，换言之，产生于体外。"这些研究产生了三篇著名论文，即鲁和耶尔森联合署名的《论白喉》。

白喉毒素就是这么发现的。这是人类发现的首例微生物产生的致病毒素。不久以后，人们会发现，破伤风和其他一些细菌性疾病，如霍乱和肉毒杆菌中毒也是同样的病理。

巴斯德的弟子们在研究白喉时思路很清晰，他们在1888年的第一篇论文中写道："是否有可能使动物们习惯白喉毒素，由此产生免疫性？关于这一问题，我们下篇论文再谈。"[1]也就是说或许可以让机体不断中毒，产生针对白喉的免疫性。巴斯德实验室在数年间多次重申了这一想法。1886年年末，巴斯德自己也意识到，他的狂犬疫苗也许不是减毒菌在起作用，而是病菌（可能是被杀死的病菌）产生了一种免疫物质。随后，1887年，鲁和张伯伦利用培养物中的可溶性物质感染细菌，获得了败血症的免疫性。按理说，在发现

---

[1] 巴斯德研究院年鉴，1888年，第629—661页。

白喉毒素后，鲁和张伯伦应该专攻白喉免疫，但命运却并非如此安排。

　　1890年9月，耶尔森感受到远方的召唤，暂时离开了沉闷的实验室，作为随行医生登上了法国邮船公司前往远东的船只。鲁则忙于教学和科研，还须辅佐埃米尔·杜克洛管理巴斯德研究院，并帮助身体状况每况愈下的巴斯德。鲁患上了可能是结核导致的严重咯血症，必须卧床数周，不得不暂停了手头关于白喉毒素的研究。就这样，两个主要的巴斯德派成员，一个远行，一个被困于斗室。科赫的学生们在此时接了手，白喉治疗中最关键的一步就这样在柏林卫生学院展开了。

　　这一幕的主角是埃米尔·贝林①和北里柴三郎。

埃米尔·冯·贝林　　　　　　北里柴三郎

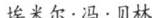

① 他要到1901年获诺贝尔生理学或医学奖的那一年才成为冯·贝林。

贝林1854年出生，比科赫小11岁。他父亲是小学教师，生了13个孩子，家境困难。埃米尔想继续学习医学，就只能进入建于1795年的专门培养军医的弗雷德里希·威廉学院。科赫最早的两位合作者勒夫勒和加夫基走的也是这条路。学院里最著名的教授是鲁道夫·菲尔绍，他本人也出自这个军医"苗圃"。

1880年至1883年间，贝林在波兹南地区任军医，他从这时起对研究产生了兴趣，观察到了一种碘化物——碘仿——的抗菌作用。他的志向是使人体不受感染因素的影响，"就像我们用烟熏给火腿保质一样！"[1]自19世纪70年代末巴斯德、李斯特和科赫的发现之后，灭菌和消毒剂成了非常流行的课题。贝林还研究血清，发现老鼠的血清与白鼠的不同，对炭疽杆菌有很强的抵抗力，能阻止其繁殖。他的结论是老鼠对炭疽杆菌的抵抗力来自其体内血清具备的一种特性。[2]这一观察否定了梅契尼科夫认为吞噬细胞在对抗病原菌过程中起关键作用的观点。贝林（及其同事尼森）认为："在老鼠身上，抵抗炭疽感染的能力与（梅契尼科夫发现的）活细胞无关，而是由于老鼠血液中含有抗菌化合物。"这一结论惊动了巴斯德派。1892年，鲁在一篇文章中说"关于体液的杀菌特性的研究，贝林和尼森做得最完整。他们观察了大量动

---

① 贝林·E.，《论碘仿及碘仿的效果》，载于《德国医学周刊》，1882年，第8期，第146—147页。

② 这也许是部分的真相，实情要复杂得多！

物的血清对病原菌的反应"。但鲁和梅契尼科夫仍然认为，吞噬细胞在消除宿主体内的微生物上起着关键作用。

在玛堡大学担任卫生学教授期间，贝林被正式纳入科赫麾下，1889年7月28日，他被分配到柏林。他是个工作狂，在给朋友的信中写道："我一整天都待在卫生学院，我和科赫及其助手们关系很好，希望不久以后你就能看到以我名字命名的新发现。"不过也就在这年夏天，他的导师开始了结核菌素的冒险之旅，被卷入了后续的纷争，对贝林的血清抗毒研究没有过多关注。直到1891年，血清的抗毒性可以运用到治疗中时，科赫才对此产生了兴趣。

贝林很快就认识了一位年轻研究者，他叫北里柴三郎，在科赫的研究所里已经脱颖而出了。

北里1856年生于日本南部山区的小国乡，在那里度过了童年，之后去熊本一所新式学堂学医，上课的是一位荷兰医生范·曼斯菲尔德教授。北里后来又去东京继续求学，直至1883年毕业，被分配到内务省卫生局工作。1885年，他被日本政府派往德国，研习新兴的细菌学，导师是细菌学奠基人之一的罗伯特·科赫。刚到柏林，科赫就交给北里一个几乎不可能完成的任务：培养破伤风杆菌，因为这种杆菌根本不可能在氧气下存活。然而结果令科赫大吃一惊，1889年，北里成功研制出了（厌氧环境下的）细菌培养，并分离出了破伤风杆菌，而且他认为，这种细菌和白喉菌一样，有强烈的毒性。第二年，丹麦医生克努德·法布尔探测到了这一毒素。于是贝林和北里就拥有了破伤风毒素以及鲁和耶尔森发现的白喉毒素。

贝林在对碘仿的研究中发现：不同的碘化合物可以在某种程度上保护实验室动物免受感染。1890年，贝林发表了关于消毒剂的长文，介绍了氯化碘这种和碘仿一样有效但毒性更小的物质。它可以注射到动物体内，至少能部分地起到抗感染作用。贝林用实验证明了这一点：他给白鼠注射了白喉杆菌，然后用氯化碘予以治疗，有几只白鼠存活了下来。这已经算是一个成功了，但更重要的还在后面。他给幸存的这些白鼠注射了足以致死的白喉杆菌，没有一只出现患病症状。因此他想到，这可能与老鼠对炭疽病的抵抗力一样，白鼠也是由于血清具备抗毒性而拥有了抵抗力。于是，贝林做了一个临界实验，他先给一批白鼠注射了致死量的白喉毒素，然后再给它们注射从幸存动物血液里提取的血清。所有白鼠都存活了，具有免疫性的动物的血清中含有一种抗毒素。

北里则在破伤风方面做了类似实验。1890年12月，两人联名写了一篇较短的论文[1]，发表在《德国医学周刊》上。这篇文章包括了构成日后血清疗法的主要观点：对破伤风免疫的兔子，其血液可以中和或摧毁破伤风毒素；这一特性同样存在于血清——去除细胞后的血液中；这一抗毒性极为稳定，即便在其他动物体内一样有效，因此血液或血清注射法可以作为有效的治疗方案；但这种抗毒性不存在于未对破伤

---

[1] 贝林·E.、北里·S.，《关于白喉免疫的实现》，载于《德国医学周刊》，1890年，第16期，第1113—1114页。

风免疫的动物血液内。在文章的一个脚注中，两位作者建议将血清中这种能中和毒素的物质叫作抗毒素。但在联合发表这篇具有历史意义的论文后，北里没有继续从事抗毒素研究，具体原因未知。他可能协助科赫做了结核菌素的研究，尽管科赫成功说服日本政府，让北里超期在柏林工作（他在德国待了7年），但他最终还是于1892年回国了[①]。我们在后文还会再提到他。

破伤风抗毒素的文章发表一周后，贝林独自发表了一篇更详细的关于白喉的论文。他在文中明确提出免疫动物的血清含有抗毒素，可用于治疗白喉患儿。尽管这两篇文章价值非凡，但当时却被科赫的结核菌素的风头盖过，而且血清疗法的观点引起了许多争议。在一段时间内，贝林和北里的研究仅在理论上，而非实践上引起了关注。

我们看到，贝林认为对微生物的免疫性是由血清中的可溶性化合物决定的。这将引起科学界一次漫长的争论，即"体液免疫说"和"细胞免疫说"之争。体液免疫说认为，产生抗体的是血清中的可溶性化合物；细胞免疫说却认为，产生抗体的主要是细胞，如吞噬细胞。1891年8月，在伦敦召开了第七届国际卫生学大会，贝林介绍了他的研究成果。李斯特作为细菌学论坛的主席，指出贝林和北里的发现是科学

---

① 北里回国后，女儿患了白喉。他决定用抗毒素来治疗，并最终治愈了女儿。这是日本第一例血清疗法。按照其曾孙女北里丽莎的说法，这一出于深厚父爱的治疗故事在日本家喻户晓，甚至还有专门的舞台剧取材于此。

界近期最重要的发现之一。这届大会引起了两个免疫学派的领头人物的竞争。但梅契尼科夫一如既往地表现出了明智，他保持折中："我们可以对两种学说都予以支持，就像吞噬细胞和抗毒素相辅相成一样，因为我们可以认为，吞噬细胞获得了血清抗毒素的支持，而它自身也为机体的抗毒性提供了帮助。"[①]梅契尼科夫的话具有前瞻性。许多年后，两派的纷争终于尘埃落定，结论就是梅氏的观点：这两种免疫性是紧密联系、互相依赖的。

---

① 林顿·D.S.,《埃米尔·冯·贝林：传染病, 免疫学, 血清疗法》,费城,美国哲学学会, 2005年,第88页。

第十七章

击败地狱之恶鹰

　　两个免疫学派争论得如火如荼时，贝林跟着科赫的团队，于1891年7月迁入新的传染病研究院工作。他始终记得要把抗毒素用于治疗，但从实验室的结论到药物投入市场，还有一条很长的路要走。当时如此，如今更甚。贝林意识到，治疗患儿，需要大量的白鼠提供免疫血清，因此应该考虑个头更大的动物。但更大的动物的购买和饲养也更费钱。他和同事威尔尼克首先用了科赫不想要的一只羊，但两人不得不用自己的工资养着它！贝林废寝忘食地工作，买了些动物，发现了获得抗血清的最佳方式是注射部分失活的毒素以及氯化碘。但是后来，不管是体力还是财力，都无法支持他继续下去了。1890年年末到1892年间，贝林被迫数次休假，以缓解疲惫和失望，也许还有结核病。

　　贝林的白喉疗法研究走入了死胡同，于是他转攻破伤风抗毒素。破伤风对名种马的威胁极大，因此，1891年年底，贝林获得了农业部的大笔资助用于研发血清疗法。他平生第一次可以在马身上做实验。回顾历史，我们奇怪地发现，在那个时代，拯救马似乎比拯救孩子更重要！

1892年，贝林再次回到了白喉研究。他听从科赫的建议，于4月联系上了一家制造染色剂的公司。路西乌斯有限公司位于法兰克福郊区的赫斯特，是著名的医药集团赫斯特集团的前身。很快，这家公司宣布对白喉、破伤风抗毒素感兴趣。12月20日签订的一纸合约，为贝林带来足够的资金，用于动物的购买和饲养。1893年春天，贝林和威尔尼克在铁路下面弄了个牲畜棚，养了40头羊和几匹马。技术上也实现了改良。1893年3月到4月，他们采集了足够多的血清，用于11名白喉患儿的治疗实验。结果令人鼓舞，其中9人获救。

但是1893年8月底，贝林的同事们并不完全相信治疗效果，赫斯特集团则迫不及待。这促使贝林和埃尔利希展开了合作。埃尔利希研发出了能规范抗毒素浓度的技术，他同时也是染色剂方面的专家，当年科赫就是听从了他的建议，用品红给炭疽杆菌染了色。这次合作使他们在不到一年的时间里就向市场投放了有效的血清。

经贝林允许，由埃尔利希提供山羊血清，临床试验始于1894年1月，至5月结束。在此期间，220名儿童接受治疗，168人治愈（76.4%），53人死亡（23.6%），而不经治疗的死亡率为50%。治疗越早，获救概率越大。这些数据于1894年5月公布，证明了血清疗法对白喉的有效性。另一位名叫奥托·赫伯纳的德国医生也做了类似实验，第一次涉及96人，第二次涉及127人，死亡率略高于20%，不过他的数据直到1895年才公布。

1894年8月1日，赫斯特公司开始将这种史无前例的新药投入市场。1894年11月24日，赫斯特启用新厂房用于血清制造。罗伯特·科赫和皇家卫生局局长悉数到场，这意味着对贝林新药地位的官方认可，也意味着德国在细菌学研究和治疗上走在了世界前列。这种官方的认可是很必要的，因为在此之前的9月，国际卫生学大会在布达佩斯召开。

会上，埃米尔·鲁的发言引起了广泛兴趣，他与贝林同时在做血清疗法的临床研究！[①] "根据贝林和北里的研究结果，用免疫动物的血清治疗某些传染病已经提上了日程。我们首先做了破伤风实验，但结果不够理想。原因也许是当破伤风症状开始出现时，病情已进入最后阶段，治疗也为时已晚。不过所幸白喉的情况有所不同。因为有义膜的出现，病情在最初阶段即可被观测到。从1891年起，我们和马丁先生一起……"鲁简单介绍了细菌培养法和毒素制造法。为了获取血清，埃德蒙·努卡（曾一起参加亚历山大科考的那位忠诚的巴斯德派成员）为他提供了马匹。鲁汇报了与同事路易·马丁和奥古斯特·夏宇进行临床试验的结果。他们于2月到7月间治疗了病童医院的448名白喉患儿，只有109人死亡，死亡率略低于25%。而之前四年，白喉致死率最低为47.64%，最高可达56%，并且这一理想的结果也不太可能是

[①] 《医学周刊》，1894年9月8日，第405—408页。

由于受试患儿的白喉病毒毒性较弱。因为同一时期，特鲁索医院的520名患儿中有60%死亡。鲁的结论是，临床实验数据符合贝林及其同事的研究结果。他的发言在大会上造成了难以描述的轰动，在场的一位美国医生说："人们把帽子扔到了天花板，科学界严肃的学者们站了起来，用文明世界的各种语言欢呼雀跃。我从没见过科学家们如此表达他们的激动之情。"[1]贝林本应该参会，但因病未能到场。赫伯纳代为出席并作报告，对血清疗法极尽赞美，却未提供任何具体数据。就这样，尽管鲁若干次提到贝林的先期研究，很多与会代表都坚信是鲁发明了血清疗法。历史铭记住了后来者！

鲁是头一个对此表示吃惊的，他在1894年9月15日给杜克洛的信中写道："梅契尼科夫和我在大会上给人留下了深刻的印象，除我们之外也的确没什么值得一提的报告。我们的发言让大家惊叹不已，因为我们提出了明确的数据。让我们吃惊的是，柏林学派这一回黯然失色。赫伯纳先生是贝林的发言人，可他尽说了些陈词滥调，让人对血清疗法的价值不甚了了。因此我比该疗法的创始人更好地捍卫了它。媒体对新疗法大肆宣扬，看来我们得准备大量的血清了。我觉得很烦。但愿这能给研究院带来些好处吧！"[2]

媒体的大肆宣扬是真的。一向爱国的法国媒体不断地将鲁博士介绍成血清疗法的发明人……而且这的确给研究院

---

[1] 林顿·D.S.，《埃米尔·冯·贝林》，第182页。
[2] 巴斯德研究院档案。

带来了好处：从法国乃至欧洲各地发来了许多血清订单。制造更多的血清需要更多的马匹。阿尔贝·卡尔梅特[1]的兄弟加斯东·卡尔梅特是《费加罗》报的编辑，他想办法在《费加罗》报上发布了一张全国认捐书，为巴斯德研究院筹钱买马。筹得的捐款不但买了马，还建了马厩，重新配置了位于勒堂新城的政府分配的实验室。实验室焕然一新，马匹也都到位（1895年年初达135匹），巴斯德研究院可以大量制造血清了。经过改良的新药能使死亡率下降到约10%。第一次大批量白喉患儿的治疗结果发表于全美儿科学会，统计了1908年美国15个州116个城市的数据，除去那些过晚介入医疗手段的儿童，共5576个病例，白喉的实际致死率仅为8.8%。

　　抗白喉血清疗法是医学的一大进步。它不仅能治愈大多数白喉患儿，使之不再是母亲们的噩梦，从广义上说，它还是第一个针对传染病的有效治疗法。直到40多年后，随着硫酰胺以及抗生素的问世，人类对抗传染病的历史才又迈出了新的一大步。血清疗法究竟是谁的功劳呢？1895年，德国科学学会颁了一个奖给贝林和鲁，这个奖是阿尔贝托-列维奖。[2]我们不妨读一下颁奖辞，这或许可以回答上述问题：

----

[1] 阿尔贝·卡尔梅特（1863—1933），医生、细菌学家。1890年参加（越南）东京湾、加蓬、圣皮埃尔岛和密克隆岛的科考任务后加入巴斯德研究院，随后被巴斯德和鲁派往东南亚，在西贡建立了第一家巴斯德研究院海外分院。后来他又创立了里尔巴斯德学院，并和卡米·介兰一起从事结核研究，最终共同研发了卡介苗。见佩罗·A.、施瓦茨·M.，《巴斯德和他的士官们》。

[2] 同一年，贝林接受了骑士勋章。

贝林发现抗毒素后，德国各地纷纷研制抗毒血清，大多数儿童医院都按照贝林先生的治疗说明投入了使用。而在法国，鲁先生借助巴斯德研究院的资源也大量生产了抗白喉血清；他指导了该血清在病童医院的使用，治疗过程得到了该院医生的监控……我们将鲁和贝林相提并论，是因为他在法国推广了该疗法；是他比任何人都积极地统计了该疗法的数据；是他在布达佩斯大会上报告了300个成功病例，赢得了学界的一致认可；是他在一个医院集中实验，获得了与同城另一个未曾使用该疗法的医院进行数据比较的可能。最后，也因为他有过许多与病理学、治疗学相关的重大发现，他还和耶尔森先生共同发现了白喉毒素。

在我国，围绕着抗白喉血清的发现有许多纷扰和误会。太多人误将贝林先生的发现加诸鲁的头上。鲁先生在各种场合都予以否认，他的正直和谦虚使他必须拒绝众人的过誉。科学学会认为，有必要从官方层面恢复这一发现的原创者的名声，但也同样要褒奖鲁的科学功绩和大公无私的品德……

颁奖委员会共奖励50000法郎奖金，一半给贝林先生，表彰其发现了抗白喉血清；一半给鲁先生，表彰其在法国对血清疗法的成功应用。

颁奖之后的1895年12月26日，鲁写信给贝林：

尊敬的同事：

科学学会把我和您的名字放在一起，共同获此殊荣，我深感荣幸。但我深深感到，在白喉治疗问题上，我所做的无法和您的贡献相提并论。您发现的抗毒素是科学界有史以来最重要的发现之一；我所有的成绩都不过是遵循了您开辟的道路。因此，我只是您的学生，我想向您重申这一点，并向您致以我最崇高的敬意。①

我们看到，鲁虽然在1870年战争中痛失两位兄弟，有深深的仇德情绪，却能和德国同事维持正常的交往关系。不仅如此，他和贝林之间逐渐发展出了友谊。

贝林1896年12月结婚，他和新娘艾尔莎·斯宾诺拉去卡普里岛度蜜月，回程时特意转道巴黎，为的就是见一见好朋友梅契尼科夫和鲁。

这桩婚姻差点早夭。1897年5月，艾尔莎患了白喉。赫斯特实验室给贝林寄去了一份抗毒血清，才挽救了艾尔莎的生命。之后她生下了第一个孩子，鲁自荐做孩子的教父。艾尔莎非常感动，于1898年9月2日给鲁回信：

亲爱的鲁先生，我们从梅契尼科夫先生处得知，您愿意做我们儿子的教父，我因此急着写这封信给您，向您表达我和我先生巨大的喜悦之情。另外，我们诚恳地邀请您在我们家里多停留些日子，越久越好，我先生会写信给梅先生，告知更多细节。我们想告诉您，我们随时欢迎您的到来。您只需电报告诉我们您抵达的日期和时间。顺代我先生向您致敬。

① 巴斯德研究院档案。

您忠心的，艾尔莎·贝林。

又及：洗礼定在10月15日举行。[1]

1901年，第一届诺贝尔生理学或医学奖颁奖。医学奖颁给了埃米尔·贝林："表彰他在血清疗法上，尤其是抗白喉血清方面的贡献。"贝林获得这个奖的确实至名归，但获奖的只有他一个，这在今人看来未免奇怪。一些人认为北里柴三郎也应有份，因为他是第一个发现破伤风抗毒素的人，贝林只是沿袭他的研究才发现了白喉抗毒素；另一些人则认为鲁不该被评选委员会遗忘。事实上，如果我们考虑到鲁和耶尔森一起发现了白喉毒素，又和贝林同时开展血清疗法的临床试验，那么他的确理应获得诺奖。只不过，一方面，毒素的发现被认为时间过于久远——距首届诺奖已13年，委员会希望能表彰更新的发现；另一方面，委员会也不想让两人同时获奖。

贝林的人格是比较复杂的，我们这里不做分析。也许只需提一下：尽管鲁和梅契尼科夫是他在科学上的竞争对手，但他仍能和这两人保持良好关系；可与此同时，尽管科赫和埃尔利希都在其低落的时期给予过帮助支持，他却和这二人闹不和。另外值得一提的是，他是第一个凭借医学发现而致富的医生。

与科赫不和或许是由科赫的嫉妒导致的。当时他正处在结核菌素的风口浪尖，贝林却成功发现了抗毒素，继而又研发出了血清疗法，引起了科赫的不安。报纸称贝林是"孩童

---

[1] 巴斯德研究院档案。

的拯救者"。另外，贝林想申请发明专利以从中谋利，这种想法让科赫不齿，也不符合"潮流"。师生的失和迫使贝林于1894年离开了传染病研究院，前往玛堡创立了自己的研究院。1895年，贝林竟想染指结核治疗这一科赫的地盘，两人彻底闹翻了。

而与埃尔利希的矛盾则要归因于贝林的行为，他总是极力缩小合作者的份额，不是把对方看作平等的合作者，而是看作下属；血清疗法取得了可观的经济收益，贝林也总是抢占大头。1893年，两人之间的合作开始没多久，关系就日趋紧张，到1899年彻底绝交。埃尔利希忆起当年，狠狠地清算了一笔："每次一想起那段昏暗的时期，一想起贝林是怎么处心积虑要掩盖我们的合作，把功劳独占，我就气不打一处来。但是他最终也自食其果，没有了我，他自己也清楚走不了多远。一切研究都停滞了：鼠疫、霍乱、鼻疽、链球菌感染……还有白喉，他也没有任何进展……即使经费更充足，助手更多，也于事无补……当然咯，你们能想象他有多么怒火中烧。他想做'最伟大的人'，把自己的规则强加给世界，同时还想挣最多的钱。他想成为'超人'，幸好他并没有与之相配的'超级大脑'。"[1]

不过，这一切并未阻碍埃尔利希继续抗毒素的研究，他在1908年与梅契尼科夫共同获得了诺贝尔生理学或医学奖，"以表彰他们在免疫学方面的贡献"。

---

[1] 布洛克·T.D.,《罗伯特·科赫：医学和细菌学的一生》，第229页。

第十八章

香港的鼠疫

在另一片大陆，围绕另一种疾病，法德两派的对抗将通过两位巨人的弟子继续愈演愈烈。我们在前文已经认识了这两人，法国这边是巴斯德手下的亚历山大·耶尔森，德国这边则是科赫手下的北里柴三郎。4年之前，他们曾经奋战在同一领域：白喉。法国发现了细菌毒素，德国则发现了抗毒素。

如今，他们又将共同面对鼠疫。鼠疫！和霍乱一样，属于最可怕的传染病。鼠疫比霍乱更甚，因为它很早就离开了发源地中亚高原，传播到了远方。它要么隐而不发，要么就以迅雷不及掩耳之势迅速蔓延，几小时内即可屠戮四方，就像一场可怕的火灾，过境之处一片荒芜，渺无人烟。

欧洲对鼠疫可不陌生：在中世纪，1348年至1352年的4年内，从巴尔干到葡萄牙，从爱尔兰到俄国，鼠疫带走了三分之一的人口（2500万人死亡）。欧洲永远记得这一次鼠疫的肆虐，还有其他几次时间更近的暴发。欧洲人知道，鼠疫不会放过任何国家，它像霍乱一样借着越来越便捷的交通方式四处传播；也像其他灾害一样，乘着战争的风呼啸而来。最近一次，由于1855年至1873年的起义，鼠疫随着军队和逃难的人群，潜入了中国西南部的云南境内，并波及广东省南部。

年轻的研究者们走出了奇特的轨迹：一个出生在瑞士的法国人，一个日本人，经过两个杰出的细菌学派的培养，汇聚到了中国一个小岛上。

耶尔森和鲁博士一起发现了白喉毒素，他的学者之路本已成为一条康庄大道。但耶尔森不满足，他梦想着大海，梦想着未知之地，"沿着利文斯顿的足迹"。前面我们看到，1890年，他离开巴斯德研究院，踏上了法国邮船公司开往远东的轮船。在西贡（今胡志明市）和海防之间穿梭时，他对安南山脉产生了浓厚兴趣。从1892年起，他作为探险家完成了南安南地区的三次人种学和地理学考察。

与此同时，北里柴三郎在科赫的研究所里因为培养出了破伤风杆菌而脱颖而出。和贝林一起开展的抗毒血清和抗白喉血清研究进一步巩固了他的名声。他在柏林一待就是7年，1892年离开时，已经成了德国学派的一名忠实弟子。离开之前，普鲁士政府授予他"教授"头衔，这对外国人来说是有史以来第一例。北里被科赫彻底征服，视其为自己的偶像。[1]

---

[1] 在《老师与学生》（东京，1935年）一书中，宫岛说，科赫晚年东游日本时，北里曾收集老师梳子上的头发留作纪念。见莫拉雷·H.H.、布罗索雷·J.，《亚历山大·耶尔森：印度支那的巴斯德人》，巴黎：贝兰出版社，1993年，第345页。

日本当时正处在明治维新时期，回国后北里创立了一个细菌学的私人实验室，成了本国细菌学领域的领袖。实验室后来成为隶属于内务省的研究中心。1894年6月4日，北里出发前往香港。

让我们重回东南亚看看耶尔森。他一到当地，就对鼠疫产生了兴趣，1892年鼠疫的发源地——（越南）东京边境的龙州、帕高——他都了如指掌。除了这些已经明确的来自陆地的威胁，海路也是不安全的，灾祸可以从红河上的河内港长驱直入。许多人担心（越南）东京也会遭灾，除了一个人，而且是一个举足轻重的人：印度支那的总督拉内桑。他拒不承认鼠疫的危险，也不同意耶尔森的科研请求。他固执地认为："云南从没发生过鼠疫，就算有，我也不会承认。"这种顽固从何而来？因为"可怜的（越南）东京遭受的灾难已经够多，不能再承受鼠疫了"。

拉内桑更关注经济发展，希望规划一条道路，连接西贡和北部海岸。这条路会比已有的沿海道路更直接，更能促进交流和法国人的木业运输。他把这个任务交给了耶尔森。于是，1893年2月到10月，耶尔森开始了艰难的探索，经由浪平高原进入了印度支那的内陆地区。

历险回来的耶尔森深深意识到死亡的幽灵就在（越南）东京门口徘徊，他反复向拉内桑提出鼠疫防治的建议，却再次碰了钉子。这回反对的理由是：太贵了！他的预算不够支持这样的研究。耶尔森等待了数月，再度出发探险，这次是从芽庄出发，经过莫伊地区，直到岘港。这次旅程极为凶险，他于1894年2月27日出发，5月7日回来。一张电报正等着他。法国政府指派"巴斯德的学生"前往云南。"巴斯德的学生"不难体会到这个命令的讽刺性，因为之前他主动请缨了两年，却都石沉大海。

此时，耶尔森忽然有了另一个主意。他对云南不再感兴趣了，他想去香港，那里"每天有40例死亡病例，肯定更容易开展初步的微生物学研究"。但他需要说服当局，即总督和东京卫生部门，因为他们肯定是唯巴黎马首是瞻的。他东奔西跑，费尽口舌，仍然不行。最后还是多亏了他的朋友，时任殖民地卫生署秘书的阿尔贝·卡尔梅特，帮他在卫生部说了话。

就在耶尔森跋涉在越南内陆时，鼠疫像长了翅膀一样向东飞去，直达香港，随后是厦门。在广州，160万居民中已有10万人死亡。香港的灾情使英国殖民者陷入了担忧，而且鉴于香港在远东贸易中的战略地位，此地的鼠疫威胁着邻国的港口，如河内、东京……

1894年5月，日本驻香港领事中川博士向东京卫生总局示警，东京立即采取措施，隔离了所有来自香港的船只。日本政府和法国政府一样，决心开展"人道主义救援和对这一所知甚少的传染病的研究"。

"所知甚少的"！这么说还不够！1894年，人们对鼠疫了解多少？一无所知，或者说，几乎完全不了解！

几个世纪以来，人们尝试了民间各种治疗方法，药水、粉剂、丸药、香水、香料，各地的江湖郎中捣鼓出各种药

剂，配料丰富但完全无效。对付鼠疫，人类没发现任何有效
疗法。最好的招数不过是切开淋巴腺肿，引流"瘟疫的毒
液"，然后用红铁灼烧伤口。如果过程中不加入洋葱糊或是
蟾蜍粉的话，这一招倒是可能救人。

　　至于鼠疫的成因，则始终未知。因此，1894年之前，鼠
疫一直是那种"恐怖的、无法预料的、致命的灾祸"。

　　不过至少有一点可以确定，自巴斯德和科赫的发现之
后，人们确信鼠疫也是由微生物导致的。1879年，俄国阿斯
特拉罕的一个村庄暴发了鼠疫，欧洲受到威胁，为防万一，
巴斯德本人设计了一个研究方案[①]："既然我们完全不知道鼠
疫的病因，不妨假设它也是由一种特殊微生物引起的。"巴
斯德指出，"如果我们能从将死或已死的鼠疫病人身上抽取
血液或脓水，并且能从中发现微生物，然后为这一微生物找
到合适的培养基，那么接下来，我们就可以把培养液注射到
不同的动物身上，不妨优先考虑猴子，然后从它们身上观察
病变，由此建立起这一微生物和鼠疫之间的关系"[②]。那次，
巴斯德没能尝试他的方法，因为鼠疫在俄国境内消失了，其
他欧洲各国安然无虞。

　　这一回，机会降临到了"巴斯德的学生"头上。官方要求
他"研究云南鼠疫，找到病因，研究疾病进程，提出有效的预

[①] 巴斯德·L.，《著作全集》，第493—502页。

[②] 我们看到，巴斯德在1879年就提出了"科赫原则"，而科赫直到1884年才正
式提出他的理论！

防建议"，而科赫的学生北里柴三郎也肩负着同一使命。

　　由于法国政府的迟疑，一开始就把目标定为香港的日本考察队占了先机。队伍成员由北里挑选，亲自带领：助手、海军医生石上东滨，临床医生和病理学家青山胤通及其助手宫本，还有一名医学生木下。1894年6月12日，他们抵达了香港。

第十九章

争夺微生物

香港！往昔人头攒动、活力四射的城市此时只余荒芜的布景。港口和街道空无一人，一半人逃命走了，剩下的一半人挤在难以描述的狭小空间里，街巷污秽不堪，水泥大楼阴暗昏沉，正便于鼠疫传播！到处都有人陈尸街头，死神快速地带走生命，有时甚至不需24个小时。英国人尽其所能控制事态发展。仓促挖出的墓穴里已用石灰掩埋了两三百人；每天都有300多名士兵巡街，把病人送入医院，查封可疑的房屋，在海边烧掉房子里所有的东西，空壳（墙和屋顶）则用氯化钙溶液和石炭酸水，还有大量盐水消毒。街道也用同样的方法清洗。瘟疫暴发之初，有三家医院被指令接收患者：医船"海之家"接收欧洲人，东华医院接收华人，还有城市最西端的坚尼地医院，前身是一个警察局。但很快，这三家医院便力量不足，卫生局局长罗森博士受命建立新的收治疫病患者的医院。某地有个破败的建筑，前身是玻璃厂，如今在建屠宰场，人们就在它边上搭起了一座大草房，命名为爱丽丝纪念医院！医院的陈设简陋至极，没有被子，没有蚊帐，最多就是在支架上搁块木板，再铺张席子（为印度人和日本人准备），许多病人只能躺在地上。

1894年香港鼠疫期间，洁净局人员在喷洒消毒药水　香港东华医院旧照

北里及其团队的到来，受到了港督罗宾逊和罗森博士的热烈欢迎。一切都已准备周全：一栋别墅，一个位于坚尼地医院的实验室，以及供解剖的尸体。他们从14日起就能立刻投入工作。

6月12日，就在北里抵达香港的当天，耶尔森终于排除万难，登上了一艘海防的货船。随身行李只有一台显微镜和一个向卡尔梅特在西贡组建的细菌实验室借来的高压蒸汽灭菌器。随行人员则只有一个中国男仆和一个曾陪着他在莫伊探险的安南男仆。

6月15日，耶尔森一到香港就前往法国领事馆，领事布尔日瓦接见了他，告知了当地情形和可以联系的人脉，同时不忘提醒他：不懂英语在此地会很困难。他作为法国官方医生，身边没有英国专家陪同，也会不方便。"我得到了不少消息，但对怎么开始走访关键人物有些不知所措。"耶尔森说。他虽是孤身一人，却充满勇气……因为海防的勒费弗尔给了他一封推荐信，让他去找韦嘉诺神甫。神甫是意大利传教士，热爱法国文化，在香港已住了30多年，曾经是炮兵军官，因在索尔费里诺战役的英勇表现被授过勋。韦嘉诺神甫会陪着耶尔森打通复杂的英国衙门的关节。两人第一天就碰了头。

在路上，耶尔森见识了整座城市的惨状。他注意到地上有许多死老鼠。①

在韦嘉诺神甫的陪伴下，耶尔森见到了礼貌的港督罗宾逊，然后由罗森博士带着去了坚尼地医院。罗森本想把他安顿在这儿，却没想到此地已被日本人占领。这地方是最好的，设施完备，又有英国人保驾护航。双方一经介绍，气氛就陡然紧张起来。日本人想独占该院的尸体，不愿和法国人合作。为了显示高人一等，他们表现得目中无人，甚至嘲笑耶尔森的德国口音！寻找鼠疫致病菌的竞赛已经开始……并将愈演愈烈。

6月14日，青山解剖了一具尸体，北里从腹股沟淋巴结中发现了许多细菌，但他犹豫着没有宣布。解剖是在患者死

---

① 直到1898年，P–L.西蒙才发现鼠疫通过跳蚤在老鼠之间传播，也通过同样的媒介由老鼠传给人。

后11个小时才进行的，他对此不很满意。因为隔了这么长时间，尸体可能会被其他细菌侵入。北里又在脾脏中提取了新的细菌，经培养后发现是一种类似鸡霍乱的有荚膜的杆菌。北里仍然很困惑，不能下任何定论。但是当地媒体置他的谨慎于不顾，或者说是擅自诠释了他的意思，宣布"北里教授已经发现了鼠疫的致病菌，这是一种大量存在于尸体血液中的长形杆菌"。

6月16日，耶尔森旁观了一次日本同事的解剖，吃惊地发现，大家仔细检查了心肝脾肺，却漏掉了腹股沟。他说："随后我们跟北里教授告别；他没有找到他要的细菌，因此宣布病人不是死于鼠疫，而是死于伤寒！他的显微镜下有一个含有伤寒杆菌的脾脏制备。我看了一下，发现除了伤寒杆菌以外，还有非常少量的更小、更短的细菌，但我当时什么也没说。"①

第二天，人们给了耶尔森二楼走廊的一段，这里"向所有人开放"，耶尔森有地方安放他的简单设备了。日本人想刻意保持距离，这正中耶尔森下怀。"我做我的，他们做他们的。这再好不过了。因为，如果有一方弄错了方向，另一方不至于受影响。"从血液中什么都没检出，他需要检查尸体。可是所有的尸体都归日本人所有。"这当然是利益攸关的东西。"他后来知道，日本人经罗森博士同意，把尸体都

---

① 摘自耶尔森写于1893年9月3日的名为《探索鼠疫的香港之行》的手稿，收藏于巴斯德研究院。

买了下来；而且，他的实验动物、培养试管都被人动过，趁他不在有人窥探过。耶尔森可受不了这个。唯一的出路：独立。韦嘉诺神甫帮了忙，用两天时间在玛丽纪念医院旁边盖起了一座草房子。两个房间，足够他居住和工作，成群结队前来骚扰的蚊子丝毫不能影响他。耶尔森确定血液中没有致病菌，希望能摘取尸体的内脏研究，但始终未获官方允许。还是他的守护神韦嘉诺想到了办法，收买了几个埋尸体的英国水手。贿赂了几枚银元后，耶尔森终于可以进入墓地，找到被石灰掩埋的尸体了。他几乎是怀着喜悦之情，动作精准地"打开了一具棺材；拨开一点石灰，找到了腹股沟部位。淋巴结很清楚：我花了1分钟不到就取了出来，然后回到实验室。我很快做了一个制备，放到显微镜下。第一眼，我就看到一团微生物，长得很相似，都是粗粗矮矮的小棍子，两端圆圆的，用勒夫勒蓝很难染色。"他又去了一次墓穴："我又摘取了两个淋巴结，结果都一样。我发现的很可能就是鼠疫的致病菌，但我还不能正式宣布。"这一天是6月20日。6月22日，耶尔森对结果更加确定了，他给罗森博士看了自己发现的细菌。

实验在继续，细菌培养，动物接种，正如耶尔森所预料：被注射的动物全部死亡，尸体解剖发现了鼠疫特有的腹股沟淋巴结肿大。细菌的主要场所就在腹股沟淋巴结里。他采集了试管中的培养物，通过邮局寄往法国。"我就这样往巴黎寄了21例鼠疫的致病菌。"结论已确凿无疑，耶尔森给巴斯德研究院寄去了鼠疫杆菌的描述。杜克洛于7月30日^①向科学院汇报。介绍简明扼要，包括耶尔森这几天在香港采集的主要细菌学数据。仅仅一周时间，他就找出了鼠疫杆菌！

可是北里宣称6月14日就发现了！港督罗宾逊和罗森博士都很信服，迫不及待给天皇发了祝贺电报。英国医学期刊《柳叶刀》也相信北里的结论，怀疑耶尔森。1894年6月18日，《柳叶刀》发表文章，做了尽可能公正的总结："自收到来自香港的特别电报后，我们第一时间公布了北里教授发现鼠疫杆菌的消息；上周，有赖J.A.罗森博士的帮助，我们第一次向本国的专业人士展示了鼠疫病原体的复制……在北里教授的发现于本刊发表之后，耶尔森博士也佐证了这一发现，还声称发现了真正的鼠疫杆菌。我们认为这其中应有某种误会。因为北里教授是一位值得信赖、技术超群的观察者，很难想象他会不顾实验和观察的精确而仓促下结论。不过，有一点几乎毋庸置疑，即本次香港的鼠疫和伦敦大火^②前本国首都遭遇的疫情是同一种。北里教授和耶尔森博士对此表示一致同意。耶尔森博士也同意细菌主要存在于腹股沟淋巴结肿大、肝脏和脾脏中；他对细菌的描述与罗森博士寄来的北里教授的制备中观察到的细菌相符合。"

优先发现权的战争就此打响了吗？

---

① 从香港到马赛的邮寄时间大约为30天。

② 伦敦大火发生于1666年，是英国历史上最严重的一次，但大火切断了1665年以来肆虐的鼠疫。——译注

耶尔森的笔记本上说，北里是在罗森博士的建议下才开始观察腹股沟淋巴结的，这是一种不光彩的间谍行为："罗森博士表现得对日本人过分热情……他应该更中立才是。他先是看了我的制备，然后跑去给日本人出谋划策。他本人跟我说过，其他人也说过，日本人分离出的细菌跟我的一点都不像。"

北里很长一段时间都被视作获胜者。8月11日《柳叶刀》发表了他的一篇短文，文中附了一些资料，其中包括罗森博士提供的四幅图。文中描绘的微生物与肺炎双球杆菌有点类似。8月25日，北里在《柳叶刀》上发表第二篇文章说："鼠疫杆菌是两端圆头的棍状细菌，用普通苯胺可以染色……在脾脏中发现的细菌用亚甲蓝染色效果更好。目前我无法确定革兰染色法[①]是否管用，下次再告知。细菌运动微小，但在恒温箱、牛肉汤中运动加剧，扰乱介质。"

然而，北里的主要合作者青山从1895年起就"怀疑北里在血液中发现的只不过是链球菌"。北里发表的论文显然没能说服所有的日本微生物学家。1900年，代表官方的日本海

[①] 根据细菌能否用此法染色，革兰染色法将细菌分为两大类（革兰阳性和革兰阴性）。作为顶尖的细菌学家，北里承认他无法判断自己发现的细菌是革兰阳性还是阴性。这件事让人费解，因为鼠疫杆菌从技术上可以毫无难度地判断为革兰阴性。在1896年12月东京医学会上的介绍里，北里文过饰非地宣称他发现的细菌为革兰阳性！见莫拉雷·H.H.、布罗索雷·J.，《亚历山大·耶尔森：印度支那的巴斯德人》，第167页。

军主任医生矢部辰三郎博士研究了该问题的方方面面。[①]他在北里的实验室观察了培养物，凭其荚膜和矛头状的形态，指出这是一种肺炎球菌。矢部斩钉截铁地终止了这场关于鼠疫杆菌发现者的辩论："现在我们应该把发现鼠疫杆菌的荣耀归还给耶尔森一个人，我国杰出的微生物学家犯了一个让人难以置信的错误，我们深感遗憾。"之后，在1925年于东京召开的远东热带医学协会大会上，北里公开致歉。弗朗索瓦·介兰时任西贡的巴斯德研究院院长，他参加了大会，并在1925年11月10日向卡尔梅特汇报："北里……在大会上公开向耶尔森致敬。有位英国医生在发言中说北里发现了鼠疫杆菌，北里在他发言结束后站起来，说了很长一段日语……立即被翻译过来……他的发言主要意思是，他将很愉快地反驳发言人，发现鼠疫杆菌的是'伟大的耶尔森'而不是他本人。"[②]

　　耶尔森率先发现鼠疫杆菌的事实于1980年被国际科学界正式承认，鼠疫杆菌被命名为鼠疫耶尔森氏杆菌[③]。不过当代

---

① 《海军医学档案》，1900年，第74期，第469—472页。

② 巴斯德研究院档案。见霍华德-琼斯·N.，《北里柴三郎是否共同发现了鼠疫杆菌？》，载于《生物和医学观点》，1973年冬，第292—307页；亦见《瑞士医学周刊》，1943年，第73期，第751页。

③ 这一命名最早由J.J.范·朗格姆提出，《鼠疫杆菌的分类》，载于《列文虎克微生物学报》，1944年，第10期，第15—16页。这一命名正式被承认是在1980年：V.B.D.斯克曼、V.麦克格曼、P.H.A.斯尼思，《经认可的细菌名录》，载于《细菌系统进化国际学报》，1980年，第30期，第225—420页。

作者中还有人继续把北里柴三郎当作鼠疫杆菌的发现者，或至少是共同发现者！[①]

香港的疫情结束了。在一次解剖中，青山和一个助手染上了鼠疫，好在都不严重。耶尔森认为他此行的目的已经达到，因为他已分离了鼠疫杆菌，做了初步的特性研究，也给巴黎寄去了足够的研究材料。8月3日他离开香港，8月23日回到西贡。科学界议论纷纷的鼠疫杆菌发现的优先权几乎不曾影响"巴斯德的学生"。他有一种"教徒"般的确信。1894年9月，《巴斯德研究院年鉴》发表了他关于显微摄影的出色论文。之后他证明鼠疫是一种可接种的传染病，由他发现的微生物导致。至于如何对抗这一疾病，他信赖自己在巴斯德研究院的朋友们的能力。他和卡尔梅特以及博雷尔一起，花了几个月时间寻找血清。1896年6月，作为第一次临床实验，他给广州天主教传教团里的一个中国青年注射了这种血清。不到30毫升的血清在一天之内就拯救了这个年轻人。这一胜利给了他信心，他带着血清去了厦门，在23例鼠疫病例中治愈了21人。

在整整两年的投入后，耶尔森终于战胜了鼠疫。

[①] 比如考夫曼·S., 舍伯勒·U.,《纪念罗伯特·科赫因发现结核杆菌而获得诺贝尔生理学或医学奖》，载于《微生物趋势》，2005年，第13期，第469—473页。

亚历山大·耶尔森

第二十章

巴斯德之后的科赫

1892年12月27日，在巴黎索邦大学的大阶梯教室里，举行了一场庄严的仪式，庆祝巴斯德的80大寿以及任职50周年。许多国家派了代表参加。[①]科赫只寄了一封电报：

传染病研究院衷心向杰出的学者致敬。

院长罗伯特·科赫。

简短而平淡，不带任何个人色彩的祝福。科赫的其他同胞与他大不相同，比如贝林的电报"我因病无法亲自前往祝贺，深表遗憾；向不朽的科学家、全人类的造福者致以最真挚的祝福"，又比如克莱伯"我真诚地祝贺细菌学广袤领域的伟大征服者，您不是医生，却为作为医生的我们照亮了前路。恭祝大师健康长寿，阖家幸福"。在来自德国的十几个地址中，巴斯德肯定不会漏掉来自布雷斯劳大学的祝福，署名为费迪南德·科恩；还有弗雷德里克－威廉大学医学院的，

[①] 《巴斯德任职50周年》，巴黎：戈蒂埃－维拉尔父子出版社，1893年。

用拉丁文向他致意——"致著名的路易·巴斯德"，尊其为"我们科学的一位王子，我们艺术的一位英雄"；当然，鲁道夫·菲尔绍也向他致敬，授予他"柏林医学会荣誉成员"的称号。

伟大的约瑟夫·李斯特代表国际科学界欢迎巴斯德到场，赞颂他的业绩。"说真的，世上没有任何个人比得上您对医学发展的贡献……您揭开了几个世纪来笼罩在传染病上的面纱，您发现和展示了它们的微生物致病性。"要是科赫在场听到了这番话，可有得他受了！

3年以后的1895年5月，巴斯德收到来自柏林科学院一位成员的信："科学院近期要向德国皇帝陛下呈上普鲁士勋章的候选人名单，他们都是我们这个时代的杰出科学家。我得知科学院想把您的名字放进候选人名单里。科学院授命我征询您的意见，以确保您愿意接受皇帝陛下的授勋……"科学院显然还记得，1871年，巴斯德退回了波恩大学授予的名誉博士学位，出于谨慎才有此一举。此举并非徒劳。巴斯德没有忘记1870年法国遭受的耻辱："柏林科学院的意图令我深感荣幸，作为学者，我表示由衷的感谢。但正如您提及的那段回忆（战争的回忆），您比任何人都清楚我不可能对此给出肯定的答复。"①尽管如此，当某个法国委员会得知此事，想公开表彰他拒绝德国人授勋时，巴斯德同样拒绝了。这一抉择"只是出于简单的缘由做出的简单举动"。这是其爱国

---

① 1895年5月21日和31日的信。

主义和公民本分的最终体现。5月底的这封信宣告了巴斯德55年书信生涯的结束。6月13日，垂垂老矣的学者离开了巴斯德研究院。

几个月后，1895年9月28日，巴斯德在巴黎附近的马恩拉科盖特地区的勒堂新城去世。法国举国哀悼。政府宣布在巴黎圣母院为他举行国葬。圣母院挂起了黑色的帷幕。唁电自世界各地飞来。其中一封署名罗伯特·科赫：

"惊悉巴斯德研究院痛失其创始人，不胜哀悼。

柏林传染病研究院致以深切哀思。"

科赫送走了年长30岁的终生对手，他自己还有15年寿命。

年轻时的科赫就向往去遥远国度游历。出发远行，移居国外。这只是幻想吗？1883年到1884年，他第一次到埃及、印度去考察霍乱弧菌，那次经历深深打动了他，满足了他内心深处去远方开拓事业的愿望。最近几年，结核菌素的失败给他招致的屈辱和失望，柏林社会对他再婚的批评，这些或许影响了他，使他决意离开德国？无论如何，他真的动身了。1896年到1907年，科赫在外游历近11年，足迹遍布南非、印度、东非、爪哇和新几内亚、意大利……他好奇心旺盛，对动物生态学、气象学、地理学、殖民地文化都感兴趣，尤其是异国疾病的病理学：阿米巴痢疾、鼠疫、回归热、疟疾、昏睡病、牛瘟、梨浆虫病。他在上述所有领域都有重要发现，对人类和动物的卫生健康产生了积极后果，但都没有比早前在炭疽、霍乱、结核三部曲方面取得的成绩大。伟大的时代已成幸福回忆，科赫年近花甲，他选择活在当下，享受生命的每一刻。他感觉自己的余生是在度一个漫长的蜜月，这里有他的工作，有他的幸福，有他年轻的妻子陪伴。中间发生了一个小意外：1900年，海德薇格在新几内亚染上了疟疾，提前回到了柏林。

尽管身在远方，欧洲仍然发生了一些和科赫密切相关的事情。1900年，继10年前第一个传染病研究院成立之后，柏林又成立了一所新的、为科赫而建的研究院，后来更名为罗伯特·科赫研究院，还有一个附属医院。同一年，巴斯德研究院也进一步扩张，增加了一个附属医院……

科赫跟结核的故事还没完。1901年7月，伦敦召开了结核大会，科赫的发言让听众震惊。他凭经验断定，人结核杆菌和牛结核杆菌是不同的，因此，人通过牛乳或其他牛制品感染结核的概率非常小。而早前在1882年，科赫的观点完全相反，人们因此还实施了不少卫生措施。科赫发言之后，与会人员进行了激烈的讨论，李斯特本人也站出来反对；贝林也表示人和牛的结核杆菌无法区分，这造成了他和科赫的彻底绝交。

1902年，菲尔绍去世，科赫取代他被任命为巴黎科学院的外籍委员。同一年，他为医学科学做出了最后一个重要贡献。德国特里尔爆发了伤寒症，科赫受命组成一个委员会，研究防治措施。科赫认为，正如霍乱流行时他指出的那样，伤寒主要通过水在人群中传播，是由于饮用水被废水污染而导致。传染源一旦得到处理，疾病的传播便大大遏制了。遏制，但不是消除。科赫得出结论，认为通过与看似健康、实则带菌的人接触，也会导致传染。他提出了"健康带菌者"的概念，后来用于许多传染病诊治。

海德薇格一直梦想着去巴黎，去这座浪漫之城、戏剧之都，想看看那儿的表演，见见知名的艺术家。1904年，科赫夫妇到达巴黎，流连于剧院、博物馆和高档餐厅。梅契尼科夫写道："我以为每晚去剧院，科赫会觉得累，他毕竟60多岁了。所以临走前一晚，科赫夫人表达了想去蒙马尔特夜总会的愿望，我就找了个乐意作陪的年轻医生当导游。没想到科赫坚持要陪夫人一起去看那些荒谬的演出。"尽管此次巴黎之行并不以科研为目的，梅契尼科夫还是带科赫参观了巴斯德研究院。"我们带他看了……所有在他的领域内能引起他兴趣的东西。"梅契尼科夫回忆道，"他在巴斯德研究院受到的接待超过了之前所有名人。大家聚集到图书馆，用热烈的掌声欢迎他……他最感兴趣的是技术层面的细节。"[1]

《费加罗》报道了此次参观："这位杰出的细菌学家先是参观了地下室所有为研究院提供光、热、电的设备，又仔细参观了传染病医院，这个医院是遵照布达佩斯大会上鲁博士的指示建起来的。科赫博士高度赞扬了鲁博士的专业指示，说柏林也以巴斯德医院为典范，为埃尔利希博士建了一个诊所。"[2]

罗伯特·科赫似乎没有去凭吊他的老对手巴斯德……

---

[1] 梅契尼科夫·E.，《现代医学的三位奠基人》，第116页。

[2] 1904年10月6日。

　　行程最后，梅契尼科夫为表示友好，带科赫去了皮埃尔·居里家里，居里给他们用镭做了实验。

　　1905年，科赫凭借对结核的贡献获得了诺贝尔生理学或医学奖。梅契尼科夫没有对自己在1887年受到的冷遇[1]耿耿于怀，写信给评选委员会以表示对科赫的支持。人们可能会惊讶，科赫为什么这么晚才获得诺贝尔生理学或医学奖，而在他之前，他的学生贝林、罗纳德·罗斯[2]和另外两位研究者都已获奖。这一奖项的迟到有许多原因。原因之一是首次诺贝尔生理学或医学奖颁发时有许多东西不确定。根据阿尔弗雷德·诺贝尔的遗嘱，他希望奖项能颁给前一年做出的新发现。委员会没有采纳这一条件，因为这其实是不现实的，任何发明的重要性都需要时间来检验。尽管如此，首次诺贝尔生理学或医学奖（贝林是第一个获奖者）仍旨在表彰最近的发现；而科赫的重要发现——炭疽、结核和霍乱的致病菌——距离1901年已有约20年时间了。当然，除此以外，或许还有其他因素：特别是"结核菌素失败"的阴影，也许还有1901年他关于人不可能感染牛霍乱的论断，以及那桩不名誉的离婚再娶。

　　获奖后的科赫又携妻子前往非洲，住在维多利亚湖附近，研究昏睡病。疟疾再次缩短了海德薇格的行程。1907年

---

① 在那之后他们又见过两次，一次在柏林，一次在巴黎。

② 1902年获奖，"以表彰其对疟疾的研究，证明了寄生虫如何感染有机体，因此为疟疾的研究和治疗奠定了基石"。

年底，科赫回到柏林，参加了纪念结核杆菌发现25周年的庆祝活动。

德国政府召集国际筹款以支持科赫的研究。皇帝捐款10万马克，美国大慈善家安德鲁·卡耐基捐款最多，达50万美金。1908年，科赫启程环游世界，这是一次胜利者的环游，海德薇格疟疾康复，始终陪伴左右。他们首先去了伦敦，科赫做了一个关于昏睡病的讲座。然后是纽约，科赫在纽约的德国医学学会受到热烈欢迎，"全球首富"卡耐基的致辞极尽赞美之能事，说科赫"位列世界名人的神殿"，堪与琴纳和巴斯德比肩！

随后他们又去了日本，北里为老师准备了排场十足的接待。他们花了几天时间参观东京的实验室，然后北里亲自作陪，携两名助手，带科赫游览了两个月。这次旅行让科赫非常高兴。他在8月12日写信给女儿："我游览这个迷人的国度已经将近两个月了，每天都有更美、更有趣的事物等着我。我得到各种尊荣和敬意，人们费劲心思让我在日本待得称心如意。"他描写了京都的景色，说之后还要前往大阪和神户。"在这两个城市，会有一大群医生等着向我致敬，带我消遣，赠送我礼物。"①不过他在信中没有提到一件会让歌楚德忧虑的事，一个对他身体状态的警告：有一次爬山的时候，他犯了一次心绞痛，同行的人都很担心，而他自己身为

---

① 威尔森·T.，《罗伯特·科赫（1843—1910）：科学的历险》，第126页。莫雷尔斯·B.，《罗伯特·科赫：人格与事业（1843—1910）》，第349—350页。

医生却选择了忽视。早前在罗得西亚（今津巴布韦），已有过第一次心绞痛发作，但他并不当回事。他知道自己的心脏比较弱，但他脑子里装着其他念头。他要回纽约参加一次关于结核的国际大会。

在纽约，科赫仍然固执己见，反复宣称人不可能感染牛结核，宣称人结核和牛结核的细菌是不同的。美国政府没听他的，继续用巴氏消毒法给牛奶灭菌。科赫的拒不认错给他这次扩大声誉的旅行添了一个稍显暗淡的尾声。正如一位大会代表所说[1]："科赫博士曾经'孤立'出了结核杆菌；如今是他自己被科学界孤立了。"

回国后，科赫马不停蹄地投入工作，研究结核的防治。1909年夏天，梅契尼科夫见到他时，对他充沛的精力又惊又喜。第二年则喜忧参半。2月，科赫高兴地庆祝弟子乔治·加夫基的60大寿。3月初，心脏问题严重起来，但不影响他工作。他还准备了4月9日在科学院做的关于结核的报告。就在报告当晚，心绞痛再度发作。但科赫顽强地挺了过来。他一直热衷登山运动，5月，他出发去黑森林地区远足。1910年5月27日，他在睡梦中病逝于巴登巴登，时年67岁。

在《巴斯德研究院年鉴》6月刊中，巴斯德的弟子们表达了"对这位伟人的怀念"，"对其功绩的赞美和对其过世的痛惜"。他们认为："科赫是细菌学的奠基人之一；只有一个人走在他前面，即巴斯德。"他们写道："罗伯特·科赫

---

[1] 布洛克·T.D.，《罗伯特·科赫：医学和细菌学的一生》，第283页。

令人崇敬之处在于，他不仅是个伟大的科学家，还是一代宗师，引领一个学派。世界各国的细菌学家都是他的子弟，因为他们用他提出的方法从事研究，而且他们常常以他的成果作为科研的出发点。"

巴斯德的葬礼是一位国家英雄的庄严而盛大的葬礼，科赫的葬礼则遵照其遗愿，范围仅限于至亲好友。5月30日，他的妻子和几位科学界人士参加了他的火葬仪式。

巴斯德与科赫，两位微生物界的领军人物，两位毕生对手，从此安息在了各自的研究院里。一个躺在地下室镶满金片的马赛克地砖下，一个躺在装饰同样精美的大理石墓中。紧邻科赫墓的各种纪念铭牌中，有一块用棕榈和月桂装饰的青铜牌子，是梅契尼科夫带来的，代表巴斯德研究院致以同僚的敬意。

两位科学家的对抗中，有1870年战争孕育的极端民族主义情感。就在他们分别于1895年和1910年去世后不久，新的战争再次爆发。第一次世界大战，巨大的灾难！这是一场人类的大浩劫，但如果不是巴斯德、科赫以及李斯特的贡献带来了生理学和医学的极大进步，战争的损失恐怕将更加惨烈。

梅契尼科夫曾对1853年至1856年间的克里米亚战争（当时巴斯德的研究成果尚未问世）和1904年至1905年的日俄战争[①]的致死原因进行了定量分析。可惜梅氏于1916年去世，若他能活得更久些，就可以对1914年至1918年的一战进行同样的

---

① 梅契尼科夫·E.，《现代医学的三位奠基人》，第8—14页，第122—124页。

分析，其结果也会更引人注目。抗菌技术、无菌消毒法和血清疗法的应用，大大减少了伤后或术后感染导致的死亡。法国方面，巴斯德研究院在埃米尔·鲁的带领下，全力制作血清，以治疗破伤风、坏疽、伤寒、霍乱等疾病。卫生措施的改善也发挥了重要作用，尤其在预防由水传播的疾病方面。在这一点上，巴斯德研究院也有所投入，他们建立了野战实验室，监控水和食物的卫生。鲁本人也去后方巡视，并与军队首领们商议应当采取的卫生措施。

战争提供了一个实地检验的机会，验证了巴斯德、科赫及其门生们的发现意义非凡，但这些发现真正的影响要深远得多。许多为害甚广的传染病在大多数发达国家几乎绝迹了：如结核、霍乱、鼠疫、白喉、破伤风……一些动物疾病，首当其冲就有炭疽病，从此也只是偶尔阵发性出现一下。传染病的病因终于为人所知，并促成了包括疫苗接种在内的许多治疗手段的问世，许多疾病得以根治。

我们说有"前巴斯德"时代和"后巴斯德"时代，我们也可以同样看待科赫的作用。"前科赫"时代，是对疾病的原因完全蒙昧的时代；"后科赫"时代，是明确了疾病原因的时代。由于致病菌的发现和防治，人类平均寿命延长了好几年。

尾 声

巴斯德和科赫已离开人世一个多世纪了，他们的合作者们也已离世半个多世纪。1870年战争之后，法德两国又两次陷入血腥的战争，直到1963年的《爱丽舍条约》[①]，一个象征着和解的友好合作条约，才将两国团结到了一起。但一个条约就能够抹去民族主义情感的影响吗？两国人民是否能够正确看待对方国家的科学家呢？仅就巴斯德和科赫这个例子来看，情况完全没有改变。在法国，科赫仍然不为人所知，而在德国，巴斯德的贡献也被低估。我们希望通过这部作品，让人们看到这两位伟人的功绩是互为补充的，是为全人类谋得大福利的。

极端民族主义是否构成两人对立的唯一原因呢？1870年的战败激发了巴斯德的仇德情绪。阿尔萨斯和洛林的割让让这位爱国者感受到切肤之痛，而且，由于5个孩子中有3人都因病早夭，这场差点让他失去爱子的战争在他心中埋下了恐

[①] 1963年，法国总统戴高乐与德国总理阿登纳签署了德法合作条约。——译注

怖。在巴斯德眼里，科赫首先代表着他仇恨的普鲁士。与之相反，科赫作为战胜国军队中的一员，民族主义情绪似乎不足以说明他对巴斯德的反感，他的敌意属于另一种性质：一个出身寒微的乡村医生，立志对抗国际知名大学者。

两人的对抗是怎么开始的？我们还记得他们最激烈的交锋是关于炭疽病的。巴斯德在伦敦大会上对科赫有何不满？不过是科赫没有提及他是炭疽芽孢的发现者！至于科赫，他生气的是巴斯德只提到了达维恩和他自己的贡献，却没有说是科赫发现了炭疽杆菌的致病性。我们或许会觉得他俩都过于斤斤计较了。可是这种计较在任何时代，都是科学界司空见惯的事。大众得知这些细节时难免讶异甚至震惊，因为大家都以为，科学家是毫不为己地致力于推动知识进步的。这固然是事实，但请不要忘了，科学家工作的主要驱动力还有一个：竞争意识。他们诚然是为人类的进步做贡献，但前提是自己的价值得到认可。有时，科学界是个人主义膨胀的沃土，如今更甚从前，有些研究能带来收益，那就更是关乎经济利益的大事了[1]。这种竞争只要"光明磊落"，通常都对科学进步有益。它能令所有学者都竭尽全力，甚至加倍努力。

巴斯德和科赫之间关于谁是首先发现者的争论，反映出当时的一个大问题，即信息的传播问题。当时的信息传播速度与今天不可同日而语。科赫没有在1876年第一篇关于炭疽

---

[1] 如施瓦茨·M.，卡斯戴克斯·J.，《艾滋病毒的发现："加罗-蒙塔尼耶之争"的真相》，巴黎，奥迪尔·雅各布出版社，2009年。

病原学的论文中提及巴斯德是炭疽芽孢的发现者，恐怕是因为他没读过巴斯德关于丁酸发酵和蚕病的文章。当时，语言障碍常常阻碍科学信息的传播，因此，巴斯德似乎不知道，比他早30年，匈牙利医生赛麦尔维斯就提出了预防产褥热的基本卫生措施。同样，科赫也不知道约翰·斯诺先于他发现了霍乱的水传播，以及早在1854年，菲利普·帕齐尼就发现了霍乱弧菌。还有，巴斯德不知道英国人威廉·史密斯·格林菲尔德比他早一年用注射减毒菌的方法预防动物感染炭疽病。这样的例子不胜枚举，常引得后人质疑许多发现的首创者究竟是谁。学者要在科学史上留名，除了有重大发现以外，还需要使这一发现被国际学界认可。许多真正的首先发现者籍籍无名，要么是因为他们展示成果的方式不够有说服力，要么是因为他们的结论过于超前，无人能够理解。

从客观角度看，巴斯德和科赫各自对微生物学的诞生做了哪些贡献呢？从19世纪50年代起，巴斯德就通过发酵的研究奠定了微生物学的基础。在随后的蚕病研究中，他指出蚕病是由微生物导致的，并说明了其传播机制。这些研究给许多学者不同的启发：李斯特受此启发发明了外科消毒法；达维恩受此启发研究了炭疽杆菌在病原学上的作用，其结论已非常接近真相。但是，如果没有科赫及其学生研制的固体培养基，巴斯德及弟子们何以能从许多微生物中分离出致病菌呢？科赫做到了，并以此方法分离出了霍乱弧菌，还从受感染组织中找到了结核杆菌，因为他研制了微生物的染色技术，开创了显微镜观察法的许多新技术。由此可见，科赫的发现大大填补了巴斯德在该领域的空缺。

　　巴斯德和科赫不仅开创了新的学科——微生物学，还革新了医学。在他们之后，人们开始用病因来定义疾病，而不是像过去一样用发生条件、症状和病理解剖来定义了。疾病有了因果律，这是个大事件！巴斯德很好地理解了这一点，建议人们不再称"炭疽病"，而是代之以炭疽杆菌病。伴随着巴斯德和科赫对炭疽病的研究，许多争议都围绕着病原学的因果概念展开。这两人究竟是谁率先建立了微生物和疾病间的因果关系，我们仍无定论，何况在他们之前，已经有人，尤其是达维恩，离最终结论仅一步之遥。著名的科赫法则定义了寻找这一因果关系需要具备的条件。这一法则非常有用，却也有很多局限性。我们看到，科赫自己就没能在霍乱致病菌上实践这一法则，因为霍乱是人类才有的疾病。所以，他无法获得我们今天所说的动物模型。至于反对他的佩滕科费尔，还有梅契尼科夫实验室的几个人，都曾吞下逗号杆菌却没有染病，这也显示了科赫法则在实践过程中的另一种困难。这里涉及一个体质概念，即不同机体对病原体的抵抗力不同。换句话说，微生物是致病的必要条件，却不是充分条件。根据感染条件、个人的身体状态或先天素质，有些人会染病，有些人则不会。

　　科赫始终质疑巴斯德的疫苗接种，并拒绝承认减毒菌的概念。在这场辩论中，巴斯德比科赫更有预见性。当他获得鸡霍乱、猪丹毒和炭疽的减毒菌株时，他对减毒的机制一无所知。这当然可以理解，因为此时距离遗传的载体——

基因被发现还有一个世纪。但他借鉴了达尔文1859年出版的《物种起源》。达尔文认为，物种会不断进化。巴斯德只是把这一概念实践在了微生物上。科赫虽然能比巴斯德更好地发现和分离细菌，却始终坚信这一物种是固化不变的，因此不相信细菌的减毒性，因为这意味着细菌会自行改变。很长一段时间里，他都认为巴斯德的减毒菌只不过是培养中的杂质……巴斯德自然很不快！历史证明巴斯德是对的：一方面，减毒是一种事实，已在很多情况下被证明，这通常是由于承载病原体毒性的基因失活了，或者丢失了；另一方面，物种体内的微生物也会发生增毒现象。频繁出现的新型传染病就是由于微生物跨越了动物与人类的物种屏障[1]。有一些微生物原来只在动物体内存在，但通过突变，可能会适应人体，并引发传染病。

微生物学的法国派和德国派一直针锋相对，但其实也一直互相成就着。巴斯德和科赫如此，他们的学生也如此。

我们在前文看到，两个学派曾经就白喉和破伤风的血清疗法展开了激烈竞争，彼此你追我赶，争相跨越各种障碍。围绕着这项研究，两派共同开创了一个新的学科，免疫学。因为贝林和北里发现了抗毒素，有史以来第一次证明了血清中的成分能参与机体对病原体的抵抗。我们称之为体液免疫。保罗·埃尔利希曾与贝林合作研制抗白喉血清疗法，

---

[1] 关于物种屏障的概念，以及抗生素的发明史，可参见施瓦茨·M.、罗丹·F.，《微生物和人类，谁将获胜》，巴黎，奥迪尔·雅各布出版社，2008年。

发现了这种免疫抵抗是广泛现象，而抗毒素不过是所谓抗体中的一种。法国方面，巴斯德研究院的鲁也对血清疗法有贡献，进一步巩固了体液免疫理论，但他的同事梅契尼科夫却率先提出了细胞（吞噬细胞）通过吞噬感染机体的微生物而参与免疫。这就是细胞免疫。1908年，诺贝尔委员会认可了这两种免疫方式的存在，并将医学奖同时颁给了埃尔利希和梅契尼科夫。免疫学就此诞生。

与血清疗法同时进行的结核防治研究，也充分展现了法德两国学者此消彼长的接力。1865年，法国医生维尔曼发现结核病是可以接种的；1882年，科赫分离出了结核的致病菌——科赫杆菌。接下来，科学界的任务就是如何对抗这一杆菌。德国人运气欠佳，科赫的结核菌素，尽管从临床诊断上是个很好的工具，直到今天仍被应用，但对结核病的治疗却是失败的。直到1921年，巴斯德派的卡尔梅特和介兰研发出了结核疫苗：卡介苗。

法德两国的微生物学派结构迥异。科赫的大多数弟子都离开了老师，各自发展。勒夫勒做了梅克伦堡-前波美拉尼亚州的格赖夫斯瓦尔德大学的教授，在那儿建了一座以他名字命名的研究院；加夫基1904年接替科赫，成为传染病研究院院长，但在此之前，他曾在吉森担任尤斯图斯·李比希大学的教授；贝林在玛堡建有自己的研究院；保罗·埃尔利希于1897年前往法兰克福主持一家研究院；理查德·菲弗曾在柯尼斯堡（今俄国加里宁格勒）工作了10年，后来又去了当时属于西里西亚的布雷斯劳（今波兰）；贝纳德·普罗斯科尔似乎一直都在科赫研究院；奥古斯特·冯·瓦瑟曼在柏林达雷姆的柏林自由大学担任系主任。

而巴斯德的学生们，除了杜克洛曾在外省（图尔、克莱蒙费朗、里昂）教过书，其他人都终其一生为巴斯德研究院工作。他们围绕在老师身边，形成一个紧密的团体，一个真正的大家庭。这体现了他们对巴斯德的忠诚和尊敬，但也反映出法国的中央集权特征。反之，德国从历史上就是权力分散型的。不过，巴斯德也有一些弟子，不是去了外省，而是走得更远，到海外殖民地去传播科学。他们中有卡尔梅特、亚历山大·耶尔森、阿德里安·卢瓦尔；后来还有更多人，如塞尔让兄弟埃德蒙和艾提安、埃米尔·马尔舒、夏尔·尼克尔等，这些人建立了巴斯德研究院国际联盟的雏形：今天在世界各地共有30多家巴斯德研究院，这是绝无仅有的。科赫虽然自己跑遍亚非大陆，研究各种传染病，但他在德国之外的继承者只有日本忠心耿耿的北里柴三郎。

在19世纪末与传染病的对抗战中，巴斯德学派和科赫学派起了主导作用，并狂揽诸多诺贝尔生理学或医学奖。但从20世纪初起，其他国家，尤其是英国，也开始崭露头角。试举抗感染化学疗法的发展史为例，其发端是在德法两国，先驱是保罗·埃尔利希，他试图找到一种"魔弹"，一种能摧毁机体内的微生物但对机体无害的化合物。1909年，他取得了初步成果，找到了能治疗梅毒的有机砷化物。1935年，另一个德国人多马克发现了一种治疗链球菌感染有效的染料，将其命名为"百浪多息"。没过多久，巴斯德研究院的特雷弗埃尔夫妇雅克和特蕾莎、费德里克·尼蒂和丹尼尔·波维发现是百浪多息分子中的无色部分有抗菌作用。这就是日后被广泛用于抗菌药的磺酰胺。不过与此同时，以英国人为主的别国科学家发现了抗生素。首先是1929年至1938年间，在美国企业家的资助下，亚历山大·弗莱明、霍华德·弗洛里和欧内斯特·查因发现了青霉素。随后，美国人塞尔曼·瓦克斯曼发现了若干种抗生素，其中1943年发现的链霉素是第一种可以对抗科赫杆菌和鼠疫杆菌的抗生素。抗感染化疗就此诞生。这是继消毒法、血清疗法和疫苗之后，人类对抗病原微生物的最近一次大胜。

后人在传染病防治中取得的成绩，无不是沿着巴斯德和科赫的足迹在前行。两位伟人尽管性格上略显小气，但都殚精竭虑地投入对抗有害微生物、保护人类健康的研究中去。他们在同一场战争中互相攻讦又并肩而行，最终双双战胜了共同的敌人——传染病。

致　谢

读了我们的上一部作品《巴斯德和他的士官们》之后，马修·施瓦茨预感到巴斯德和科赫之间的竞争可以成为很有意思的主题。他没怎么花力气就说服了我们写这么一本书。我们要特别感谢他的这个提议，以及他对初稿提出的许多宝贵建议。

1991年，罗伯特·科赫研究院建院100周年时，阿涅丝·乌尔曼曾做过一次讲座，后来她又做了其他关于科赫的讲座，最近一次是2010年纪念科赫忌辰100周年时。我们动笔之初，她就把自己几经补充的讲稿和材料交给了我们。在此我们要感谢她对我们的帮助和激励。

写关于罗伯特·科赫的书，需要参阅不少德语文献，尤其是科赫的关门弟子贝尔纳德·莫雷尔斯所著的非常完整的《科赫传》（750页），可是我们俩谁都不懂德语。在此我们要感谢精通这门语言的米歇尔·默克，而且她对本书涉及的领域也颇有了解。因为她职业生涯的大部分时间都在巴斯德研究院担任研究员，并专攻炭疽病这一导致巴斯德与科赫不和的导火

·

索。同时我们也要感谢她自始至终的支持和对初稿的建议。

我们还想感谢巴斯德博物馆的工作人员，特别是尚塔尔·弗里杰和斯蒂芬妮·科林；以及巴斯德研究院档案处的丹尼尔·德美利艾和图书馆的桑德拉·勒古，感谢他们在图书资料借阅上提供的便利和帮助。感谢罗伯特·科赫研究院的档案工作者海德·托尔米希，感谢科赫的故乡克劳斯塔尔的市长沃尔夫冈·蒙克梅耶，感谢科赫的曾外孙沃尔夫冈·普尔，感谢北里柴三郎的曾孙女北里丽莎，他们都给我们提供了珍贵的信息或史料。

同时，我们要感谢其他阅读初稿后给我们提建议的人，以及支持和鼓励我们撰写本书的人，他们是路易·阿尔西纳、让·卡斯泰克斯、阿涅丝·德斯康、马汀娜·德·加尔博、弗雷德里克·格罗让、亚瑟·哈勃施密特、克罗迪·勒希尔、让-弗朗索瓦·佩罗、卡罗琳娜·波提耶、弗朗索瓦和弗朗索瓦丝·罗丹以及阿涅丝·乌尔曼。感谢利奥波第那科学院的主席荣格·海克及其夫人玛吉，还有巴斯德研究院的两位奥地利研究者罗兰·博世和卡门·布雷泽。他们的意见让我们对日耳曼语地区的读者的反馈抱有良好的期待。

最后，我们要向奥迪尔·雅各布出版社致以诚挚谢意，感谢他们满怀热情出版本书，也要感谢出版社合伙人让-吕克·费德尔对我们的鼓励。

参考文献

[1] 巴赞·H..疫苗接种史[M].巴黎：John Libbey Eurotext出版社，2008.

[2] 波德莱·P.，多丹·A..霍乱的多种面貌[M].巴黎：贝兰出版社，1987.

[3] 比贝尔·D.J.，陈·T.H..鼠疫诊断：耶尔森—北里之争的分析[J].细菌学评论，1976(40):633-651.

[4] 布洛克·T.D..罗伯特·科赫：医学和细菌学的一生[M].麦迪逊（威斯康星州）：科技出版社，1988.

[5] 卡特·K.C..科赫与巴斯德关于炭疽病确立之争[J].医学史通报，1988(62):42-57.

[6] 卡特·K.C..巴斯德的病原学理论发展及十九世纪医学的特殊病因的出现[J].医学史通报，1991(65):528-548.

[7] 克拉雷蒂·J..1870—1871革命史[M].巴黎：《日食》报编辑室，1872.

[8] 德布雷·P..路易·巴斯德[M].巴黎：弗拉马里翁出版社，1994.

[9] 德斯康·A..巴斯德夫人[M].多勒：德莫德莫出版社，2013.

[10] 德雷福斯·F-G..德国人史[M]//"U"丛书.巴黎：阿尔芒·科林出版社，1970.

[11] 德罗兹·J..德国史[M]//"我知道什么"丛书.巴黎：法国大学出版社，1958.

[12] 杜布瓦·R..路易·巴斯德：科学的独行侠[M].巴黎：法国大学出版社，1955；第2版.巴黎：发现出版社，1995.

[13] 杜克洛·E..巴斯德，一位智者的历史[M].索镇：夏黑尔印刷所，1896.

[14] 弗兰克·R.A..巴斯德与蒂利埃关于炭疽疫苗和猪瘟疫苗的通信[M].塔斯卡卢萨：阿拉巴马大学出版社，1968.

[15] 海曼·B..罗伯特·科赫（第1卷：1843—1882）[M].莱比锡：学术出版社，1932.

[16] 让布朗·G..巴斯德和科赫：现代细菌学之父和传染病防治先驱[D].贝桑松，1996.

[17] 考夫曼·S.H.E..免疫学之奠基：诺贝尔生理学或医学奖获得者埃尔利希与梅契尼科夫百年纪念[J].自然免疫学，2008(9):705-712.

[18] 拉格朗日·E..罗伯特·科赫：生平与著作[M].布鲁塞尔：大学出版社，1938.

[19] 拉格朗日·E..关于鼠疫杆菌的发现[J].热带医学与卫生报，1926-09，29(17):299-303.

[20] 林顿·D.S..埃米尔·冯·贝林：传染病，免疫学，血清

疗法[M].费城：美国哲学学会，2005.

[21] 罗腾伯格·F..技艺与机遇：E.冯·贝林及E.鲁获诺贝尔生理学或医学奖案例[J].生命科学史与哲学，1996(18):225-238.

[22] 曼德尔森·J.A.."像所有生命一样"：巴斯德与科赫时代的生物、医学和细菌[J].生命科学史与哲学，2002(24):3-36.

[23] 梅契尼科夫·E..现代医学的三位奠基人：巴斯德、李斯特和科赫最后的记录[M].巴黎：菲力克斯·阿尔康出版社，1933.

[24] 莫雷尔斯·B..罗伯特·科赫：人格与事业（1843—1910）[M].汉诺威：施莫尔与冯·塞菲尔德·纳什出版社，1950.

[25] 莫拉雷·H..科赫与巴斯德关系新解[J].NTM一席里夫特内，盖什.自然科学、技术和医学的史学和伦理学研究学报，1983(1):57-65；译作，医师杂志，1996(46),2396-2400.

[26] 莫拉雷·H.H.，布罗博索雷·J..亚历山大·耶尔森：印度支那的巴斯德人[M].巴黎：贝兰出版社，1993.

[27] 尼克尔·L..巴斯德史诗与兽医学[M].加尔舍：舍若尔出版社，1974.

[28] 巴斯德·L..著作全集[M]//第7卷.瓦莱里-拉多·L.，汇编.巴黎：马松出版社，1922—1939.

[29] 巴斯德·L..书信集[M]//第4卷.瓦莱里-拉多·L.，汇

编.巴黎：格拉塞和弗拉马里翁出版社，1940—1951.

[30] 佩罗·A.,施瓦茨·M..巴斯德和他的士官们：鲁，耶尔森，及其他人[M].巴黎：奥迪尔·雅各布出版社，2013.

[31] 理查德·C..人类的两个造福者：路易·巴斯德（1822—1895）和罗伯特·科赫（1843—1910）[J].欧洲生物学家，1996(225):385-400.

[32] 沙德瓦尔德·H..罗伯特·科赫与他所处时代的细菌学（1968年3月3日发现宫讲座）[M].巴黎：发现宫出版社，1969.

[33] 施瓦茨·M..化身博士：炭疽病的小故事[J].医学分子问题，2009(30):347-355.

[34] 施瓦茨·M.，罗丹·F..微生物和人类，谁将获胜[M].巴黎：奥迪尔·雅各布出版社，2008.

[35] 托特罗·J..巴斯德[M].巴黎：伽利玛出版社，2008.

[36] 乌尔曼·A..巴斯德—科赫：针对传染病的不同思考方式[J].微生物，2007(8):383-387.

[37] 瓦莱里-拉多·L..巴斯德的一生[M].巴黎：阿歇特出版社，1931.

[38] 魏德琳·P..世纪末巴黎和柏林的科学精英及实验室组织：比较巴斯德研究院与科赫研究院对传染病的研究[M]//坎宁安·A.，威廉姆斯·P..医学领域的实验室改革.剑桥：剑桥大学出版社，1992:170-188.

[39] 威尔森·T..罗伯特·科赫（1843—1910）：科学的历险[M].阿什福德出版社，2000.

[40] 维诺·F., 维诺·A..埃米尔·冯·贝林和血清疗法[J].微生物和感染, 2002(4):185-188.

[41] 耶尔森·A..致母亲的信（1884—1905）[手稿].巴斯德研究院档案.

[42] 耶尔森·A..香港鼠疫之旅[手稿].巴斯德研究院档案, 1894年9月3日起.

[43] 耶尔森·A..香港腺鼠疫[M]//巴斯德研究院年鉴, 8.s.l.1894:662-667.